SPUREN DER VERGANGENHEIT

PETER K. STUMPF

INHALT:

HINTERKAIFECK

Der Einödhof Hinterkaifeck war der Tatort eines bislang nicht aufgeklärten Mehrfachmordes. Auf dem heute nicht mehr existierenden Anwesen, das 500 m südwestlich des Dorfes Gröbern im heutigen Gemeindegebiet von Waidhofen lag und etwa sechs Kilometer von Schrobenhausen entfernt war, wurden in der Nacht vom 31. März auf den 1. April 1922 alle sechs Bewohner ermordet, indem ihnen mit einer Reuthaue massive Kopfverletzungen beigebracht wurden. Bei den Getöteten handelte es sich um das Austragsbauernehepaar Andreas (64 Jahre) und Cäzilia (72 Jahre) Gruber, deren verwitwete Tochter Viktoria Gabriel (35 Jahre), deren Kinder Cäzilia (7 Jahre) und Josef (2 Jahre) sowie die Magd Maria Baumgartner (45 Jahre).

Der Hof Hinter[kaifeck] [w]urde um 1863 errichtet, nach[dem da]s Areal zuvor offene Flur gew[esen war.] Zum Zeitpunkt der Morde be[stand di]e Anlage aus einem eingeschossigen langgestreckten Wohn- und Stallgebäude, an das rechtwinklig ein größerer Scheunentrakt angeschlossen war. Auf den L-förmigen Bau war ein durchgehender hoher Dachboden aufgesetzt.

Etwa ein Jahr nach den Morden wurde die gesamte Hofanlage abgerissen, nachdem sich aufgrund der Bluttat kein Nachnutzer finden konnte. Da später kein neues Anwesen an der Stelle errichtet wurde, ist der Hausname nur noch eine historische Bezeichnung. Das ehemalige Hofgelände von Hinterkaifeck ist heute eine landwirtschaftliche Nutzfläche, Spuren der Bebauung sind nicht mehr erkennbar.

Bereits einige Zeit vor der Tat häuften sich merkwürdige Vorkommnisse in und um Hinterkaifeck: So wurde Mitte März

1922 in der Nähe von Hinterkaifeck eine Münchener Zeitung gefunden, die in der Region nicht verbreitet war. Der Austragsbauer Andreas Gruber glaubte zunächst, der Postbote habe die Zeitung verloren, was aber nicht der Fall war, da niemand in der näheren Umgebung diese Zeitung abonniert hatte. Einige Tage vor der Tatnacht entdeckte Gruber zudem im Schnee Spuren, die zum Hof Hinterkaifeck hinführten, aber nicht wieder von ihm weg. Ebenso vermissten die Bewohner der Einöde einen Haustürschlüssel. Außerdem hatte jemand an der Motorhütte des Hofes das Vorhängeschloss aufgebrochen und im Stall ein Rind losgebunden. Darüber hinaus bemerkten die Hinterkaifecker, dass das Anwesen vom Wald aus wiederholt von einem Mann mit Schnauzbart beobachtet wurde. In der Nacht hörten sie auf dem Dachboden über ihren Schlafräumen Schritte, doch Andreas Gruber fand niemanden, als er das Gebäude durchsuchte. Obwohl er mehreren Personen von diesen angeblichen Beobachtungen erzählte, weigerte er sich, Hilfe von Außenstehenden (Nachbarn/Polizei) anzunehmen. Nach Aussage einer Schulfreundin der siebenjährigen Cäzilia Gabriel soll diese auch berichtet haben, dass ihre Mutter Viktoria in der Nacht vor der Tat nach einem heftigen Streit vom Hof geflohen und erst Stunden später im Wald aufgefunden worden sein soll. 33 Jahre später behauptete die Schulfreundin dann aber, dass nicht Viktoria Gabriel, sondern Cäzilia Gruber geflohen sei.

Am Nachmittag des 31. März 1922, einem Freitag, kam die neue Magd Maria Baumgartner auf dem Hof an. Deren Schwester, die sie dorthin begleitet hatte und den Hof nach kurzem Aufenthalt wieder verließ, war mit hoher Wahrscheinlichkeit vor der Tat die letzte Person, die die Bewohner lebend sah. Einige Stunden danach wurden die sechs Morde verübt. Das genaue Tatgeschehen konnte später nicht zweifelsfrei rekonstruiert werden. Aufgrund der späteren Auffindesituation der Opfer gilt als gesichert, dass am späten Abend Viktoria Gabriel, Cäzilia und Andreas Gruber sowie die siebenjährige Cäzilia Gabriel nacheinander (vermutlich in der genannten Reihenfolge) in unmittelbarer Nähe der Übergangstür vom Stall zur Scheune mit einer vor Ort vom Täter bzw. von den Tätern vorgefundenen Reuthaue, die zum Hofinventar gehörte, erschlagen wurden. Bis heute ist ungeklärt, warum und in welchem zeitlichen Abstand sich die ersten vier Opfer in diesen Teil des Anwesens begeben haben. Später durchgeführte Versuche ergaben, dass Schreie aus der Scheune weder in der Magdkammer noch im Wohn- oder Schlafzimmer zu hören waren. Durch eine Obduktion wurde später nachgewiesen, dass die siebenjährige Cäzilia, nachdem ihr der

Schädel eingeschlagen worden war, noch mindestens zwei Stunden gelebt haben muss. Von der Scheune aus drangen der oder die Täter durch den Stall in den Wohntrakt ein, wo – mit derselben Tatwaffe – vermutlich zuerst die Dienstmagd Maria Baumgartner in der Magdkammer und zuletzt der zweijährige Josef in seinem Stubenwagen im Schlafzimmer seiner Mutter erschlagen wurden.

Zwischen dem Tatzeitpunkt und der Entdeckung der Tat vier Tage später müssen sich der oder die Täter noch im Haus aufgehalten haben oder zumindest mindestens einmal dorthin zurückgekehrt sein, da das Vieh versorgt (getränkt, gemolken) wurde. Außerdem entdeckte die Polizei später, dass der gesamte Brotvorrat aufgebraucht und Fleisch aus der Vorratskammer frisch angeschnitten worden war.

Am 1. April kamen die Kaffeeverkäufer Hans und Eduard Schirovsky in

Hinterkaifeck an, um eine Bestellung aufzunehmen. Als niemand auf das Klopfen an der Tür und am Fenster reagierte, gingen sie um den Hof herum, fanden aber niemanden. Ihnen fiel lediglich auf, dass das Tor zum Maschinenhaus offenstand. Anschließend verließen sie den Hof. Am 1. sowie am 3. und 4. April fehlte Cäzilia Gabriel unentschuldigt in der Schule. Außerdem fiel auf, dass die Einwohner der Einöde am 2. April nicht am Sonntagsgottesdienst teilnahmen (Pfarrkirche Mariä Reinigung und St. Wendelin in Waidhofen, ein Fußmarsch von mehr als drei Kilometern, der über die Brücke über die Paar führte). Am Montag, dem 3. April, bemerkte der Postschaffner Josef Mayer, als er nach Hinterkaifeck kam, dass sich die Post vom Samstag noch immer dort befand, wo er sie deponiert hatte, und dass anscheinend niemand auf dem Hof war. Der Monteur Albert Hofner kam am 4. April nach Hinterkaifeck, um dort wie vereinbart den Motor der Futterschneidemaschine zu reparieren. Er gab an, niemanden angetroffen und außer dem Brüllen der Kühe und dem Bellen des Hundes nichts gehört zu haben. Nach einer Stunde des Wartens fing er an, den Motor zu reparieren, und war nach etwa viereinhalb Stunden fertig. Als er anschließend noch einmal um den Hof herumging, um doch noch einen der Bewohner anzutreffen, bemerkte er, dass die Scheunentür offenstand. Ob das Tor bereits bei seiner ersten Umschau oder erst bei der zweiten geöffnet war, konnte er nicht angeben. Hofner schaute zwar in die Scheune, ging aber nicht hinein. In Gröbern traf er die Töchter des Ortsführers Lorenz Schlittenbauer und berichtete ihnen, dass die Reparaturen in Hinterkaifeck erledigt seien. Hofner berichtete auch Georg Greger, dem Bürgermeister von Wangen, von der gespenstischen Leere auf Hinterkaifeck. Schlittenbauer schickte daraufhin seine beiden Söhne Johann und Josef nach Hinterkaifeck, um nach dem Rechten zu sehen. Als sie berichteten, niemanden gesehen zu haben, drang Schlittenbauer noch am selben Tag mit Michael Pöll und Jakob Sigl in den Gebäudekomplex ein, wo sie die größtenteils abgedeckten Leichen entdeckten.

Die ersten Polizisten am Tatort waren Beamte der Gendarmeriestation Hohenwart, die am 4. April gegen 18 Uhr eintrafen. Deren Hauptaufgabe war es, die zahlreichen Schaulustigen, die sich bald nach Bekanntwerden der Morde in Hinterkaifeck einfanden, am Betreten des Tatorts zu hindern. Bei der Polizeidirektion München ging die Meldung etwa um 18:15 Uhr ein. Unter der Leitung von Kriminaloberinspektor Georg Reingruber machten sich sechs Beamte aus München, darunter zwei Polizeihundeführer, umgehend auf den Weg und kamen um 1:30 Uhr bei

Bürgermeister Georg Greger in Wangen an.

Da eine Tatortbegehung bei nächtlicher Dunkelheit als zwecklos erachtet wurde, begaben sie sich erst um 5:30 Uhr morgens nach Hinterkaifeck und besichtigten zusammen mit der Gerichtskommission aus Schrobenhausen systematisch die dortigen Gebäude. Auf dem Dachboden, der durchgängig über Wohnhaus, Stall und Scheune verlief, entdeckten die Polizisten, dass der Boden mit Heu bedeckt war, anscheinend um Schritte zu dämpfen. Außerdem waren einige Dachziegel so verschoben, dass man das gesamte Hofgelände überblicken konnte, und in einem Heuhaufen stellte man zwei Mulden fest, die davon zeugten, dass sich hier Personen befunden haben mussten. Die ersten Vernehmungen fanden im Bauernhaus in der Küche statt.

Als Motiv wurde zunächst Raubmord vermutet, später allerdings zunehmend angezweifelt, da man nicht genau ermitteln konnte, wie viel Geld entwendet wurde. Außerdem wurde viel Geld zurückgelassen, obwohl die Täter genug Zeit gehabt hätten, das Haus genau zu durchsuchen. Bei der Obduktion durch den Neuburger Landgerichtsarzt Johann Baptist Aumüller auf einem provisorischen Seziertisch im Hof des Bauernhofes wurden den Leichen die Köpfe abgetrennt. Dabei wurde auch festgestellt, dass sich Cäzilia Gabriel in ihrem etwa zweistündigen Todeskampf büschelweise die Kopfhaare ausgerissen hatte.

Die Beamten der Mordkommission ermittelten in verschiedenste Richtungen und gingen selbst unwahrscheinlichen Spuren nach. Als Erstes gerieten Vorbestrafte, Hamsterer und Hausierer, die aus der Gegend von

Hinterkaifeck stammten oder sich dort herumtrieben, in den Fokus der Polizei. Bereits am 8. April wurden 100.000 Mark Belohnung für Hinweise zum Täter ausgesetzt. Viele Personen wurden daraufhin verdächtigt , und auch viele nicht stichhaltige Hinweise gingen bei der Mordkommission ein, doch die Morde konnten niemandem nachgewiesen werden. Mit den Schädeln der Opfer wurden zudem spiritistische Sitzungen mit Medien durchgeführt, die aber ebenfalls kein Ergebnis brachten.

Der Tod des im Dezember 1914 während des Ersten Weltkriegs gefallenen Ehemanns der Jungbäuerin, Karl Gabriel, wurde in Zweifel gezogen. Dieser soll erfahren haben, dass Viktoria Gabriel nach der gemeinsamen Tochter (Cäzilia) ein uneheliches Kind hatte (Josef), und zwar womöglich mit ihrem eigenen Vater . Daraufhin soll er die gesamte Familie erschlagen haben, um Rache zu üben. Obwohl Soldaten aus seinem Regiment seinen Tod bezeugten, erhielt diese Theorie im Laufe der Jahre neue Nahrung, nachdem immer wieder Personen berichteten, sie seien Gabriel begegnet oder könnten bestätigen, dass dieser seine Identität mit der eines gefallenen Kameraden vertauscht hatte.

Nach Ende des Zweiten Weltkriegs behaupteten unabhängig voneinander Kriegsheimkehrer aus der Region um Schrobenhausen, die vorzeitig aus sowjetischer Gefangenschaft entlassen wurden, dass sie von einem bairisch sprechenden sowjetischen Offizier nach Hause geschickt worden seien, der angegeben habe, er sei der Mörder von Hinterkaifeck. Einige dieser Aussagen wurden später von den Heimkehrern selbst revidiert. Ob es sich dabei um erfundene Geschichten oder wahrheitsgemäße Aussagen handelte, kann heute nicht mehr zweifelsfrei nachgewiesen werden. Selbst für den

Fall, dass die Behauptungen zutreffend sind, muss es sich bei dem Russen nicht zwingend um Karl Gabriel gehandelt haben, wenngleich einige der Zeugen, die ihm kurz vor und nach dem Mord angeblich begegnet waren, ausgesagt hatten, er wolle sich nach Russland absetzen.

Lorenz Schlittenbauer war der Ortsvorsteher von Gröbern und galt damals wie heute als einer der Hauptverdächtigen. Er hatte kurz nach dem Tod seiner ersten Frau ein Verhältnis mit Viktoria Gabriel und galt ebenfalls als möglicher Vater ihres Sohnes Josef. Nach mehrmaligem Widerrufen erkannte er schließlich die Vaterschaft an, zahlte aber keinen Unterhalt. Er wurde – auch von der Bevölkerung – als Täter verdächtigt, weil er sich durch einige Handlungen und Andeutungen bezüglich der Morde verraten haben soll. Beispielsweise wurde beim Fund der Leichen ein Tor aufgebrochen, weil sämtliche Türen am Hof verschlossen waren. Nach Auffinden der Toten verließen seine beiden Begleiter schockiert den Stall, während Schlittenbauer alleine in das Haus weiterging, in dem er sich gut auszukennen schien. Er schloss dann – für die anderen Zeugen deutlich hörbar – die Haustür von innen mit dem Schlüssel auf. Schlittenbauer gab später an, er habe in der Tür gesteckt. Dieser einzige Schlüssel wurde jedoch von den Opfern kurz vor der Tat vermisst. Des Weiteren wohnte er nur 350 Meter entfernt und hätte problemlos nicht nur den Hof ausspionieren, sondern sich auch unentdeckt zwischen seinem Anwesen und dem Tatort bewegen können.

Auch noch Jahre später wurde Schlittenbauer aufgrund merkwürdiger Äußerungen (so soll er am örtlichen Stammtisch bei Spekulationen über den Tathergang gelegentlich vom Täter in der

Ich-Form gesprochen haben) immer wieder mit der Tat in Verbindung gebracht. Eingang in die Akten fand auch eine Begegnung des damaligen Dorflehrers Hans Yblagger mit Schlittenbauer an den Mauerresten des abgebrochenen Hofes Hinterkaifeck im Jahr 1925. Der junge Lehrer überraschte ihn über den noch vorhandenen Kellereingang gebeugt und war verwundert über seine ausgesprochen schreckhafte und verwirrte Reaktion, als er ihn ansprach. Schlittenbauer erzählte daraufhin von einem angeblichen Versuch des Täters, die Leichen am Ort ihres Auffindens zu vergraben, was aber aufgrund der Bodenbeschaffenheit nicht möglich gewesen sei. Diese Information hatte vorher weder Schlittenbauer noch ein anderer Zeuge zu Protokoll gegeben.

Der 1897 geborene, aus dem nahen Geisenfeld stammende, angeblich geisteskranke Bäcker Josef Bärtl wurde schon bald nach der Tat als Mörder verdächtigt, da er 1921 aus der Kreis-Heil- und Pflegeanstalt Günzburg geflohen war. Ihm wurde ob seines Geisteszustands sowie aufgrund seiner vermuteten Beteiligung an einem Mord im Jahre 1919 die Tat zugetraut, und ein Medium hatte ihn bei einer der spiritistischen Sitzungen anhand einer Fotografie als Täter identifiziert. Zwar gaben immer wieder Zeugen an, Bärtl begegnet zu sein, doch er konnte von der Polizei nie mehr aufgegriffen werden.

Bereits am 9. April 1922 ließ Kriminaloberinspektor Georg Reingruber die Fahndung nach Adolf Gump, Wilhelm Dreßel, Wilhelm Musweiler alias Weiland und dem früheren Kriminalbeamten Friedrich N. alias Fischer ausschreiben. Alle vier sollen mit dem Freikorps Oberland in Oberschlesien einmarschiert sein und dort an der Ermordung von neun Bauern mitgewirkt haben. Reingruber konnte nicht ausschließen, dass Adolf Gump auch an den Morden in Hinterkaifeck beteiligt war, weswegen er die entsprechenden Gendarmeriestationen anwies, bei einer möglichen Festnahme diesen nach seinem Alibi vom 30. und 31. März sowie vom 1. April 1922 zu fragen.

1951 ermittelte Staatsanwalt Andreas Popp gegen Adolfs Bruder Anton Gump wegen des Verdachtes, dass die beiden Brüder die Morde auf Hinterkaifeck begangen hätten. Der Verdacht stützte sich auf die Anschuldigung der Schwester der beiden. Kreszentia Mayer behauptete auf dem Sterbebett gegenüber dem Priester Anton Hauber, dass ihre beiden Brüder Adolf und Anton die Morde verübt hätten. Anton Gump kam infolgedessen in Untersuchungshaft, Adolf war bereits 1944 verstorben. Nach kurzer Zeit wurde Anton allerdings wieder entlassen, und 1954 wurde das Verfahren gegen ihn endgültig eingestellt, da ihm keine Tatbeteiligung nachgewiesen werden konnte.

Im Jahr 1971 schrieb eine Frau namens Therese T. einen Brief, in dem sie sich auf ein Ereignis in ihrer Jugend berief: Im Alter von zwölf Jahren wurde sie Zeugin, als ihre Mutter Besuch von der Mutter der Brüder Karl und Andreas S. erhielt. Diese behauptete, ihre Söhne seien die beiden Mörder von Hinterkaifeck. Interessant war die Tatsache, dass die Mutter den Satz „Andreas reute es, dass er sein Taschenmesser verlor" im Laufe des Gesprächs sagte. Tatsächlich wurde beim Abriss des Hofes im Jahr 1923 ein Taschenmesser gefunden, das niemandem eindeutig zugeordnet werden konnte und dessen Existenz allgemein nicht bekannt war. Allerdings hätte das Messer einem der Mordopfer gehören können. Auch diese Spur wurde ohne Ergebnis verfolgt. Kreszenz Rieger, die ehemalige Magd von Hinterkaifeck, war sich sicher, das Taschenmesser schon in ihrer Dienstzeit auf dem Hof gesehen zu haben.

Peter Weber wurde von Josef Betz als Verdächtiger genannt. Beide arbeiteten im Winter 1919/1920 als Hilfsarbeiter und teilten sich eine Kammer. Laut Betz sprach Weber in der Zeit von einem abgelegenen Hof, nämlich Hinterkaifeck. Weber waren auch die Verhältnisse in Hinterkaifeck bekannt. So erzählte er, dass dort nur ein altes Ehepaar mit seiner Tochter und deren zwei Kindern wohnte. Außerdem wusste er wohl vom Inzest zwischen Gruber und seiner Tochter. Betz sagte in einer Vernehmung aus, dass Weber vorgeschlagen habe, den Alten zu erschlagen, um an das Gold zu kommen. Als Betz nicht auf das Angebot einging, hörte Weber auf darüber zu reden.

Die ehemalige Magd Kreszenz Rieger arbeitete von November 1920 bis ca.

September 1921 auf Hinterkaifeck. Sie verdächtigte die Brüder Anton und Karl Bichler, den Mord begangen zu haben. Anton Bichler soll bei der Kartoffelernte auf Hinterkaifeck mitgeholfen haben und kannte deswegen die Räumlichkeiten. Anton Bichler soll auch öfter neben ihr schlecht über die Familien Gruber und Gabriel geredet haben. Von einer alten Dame bekam sie mit, dass Anton gesagt haben soll, dass die Kaifecker alle erschlagen gehören. Die Magd betonte in ihrer Vernehmung auch ausdrücklich, dass der Hofhund, der jeden anbellte, bei Anton nie bellte. Darüber hinaus berichtete sie von einer Begegnung mit einem Unbekannten, der nachts vor ihrem Fenster stand und nach einem Wortwechsel wieder ging. Die Magd glaubte, dass es Karl Bichler, der Bruder von Anton, war. Sie sagte auch aus, dass Anton und Karl Bichler den Mord zusammen mit Georg Siegl hätten begehen können. Georg Siegl arbeitete eine Zeit lang auf Hinterkaifeck und soll auch über das Vermögen der Kaifecker gewusst haben. Dabei soll Siegl Anfang November 1920, während das Gruber Ehepaar und Viktoria Gabriel auf dem Feld arbeiteten, einen Einbruch auf Hinterkaifeck begangen haben. Er soll durch ein offenes Fenster in das Haus geklettert sein und geräuchertes Fleisch, Eier, Brot und Kleidung gestohlen haben. Die Kaifecker hätten nur noch gesehen, wie Siegl in den Wald flüchtete. Trotz dieser Ereignisse wurde er im September 1921 für einige Tage wieder als Knecht eingestellt. Georg Siegl bestritt in einer Vernehmung den Diebstahl und beschuldigte Josef Hartl aus Waidhofen der Tat. In einer späteren Vernehmung sagte er außerdem aus, dass er den Stiel der Reuthaue (Tatwerkzeug des Mordes) selbst geschnitzt hätte, als er als Knecht auf Hinterkaifeck arbeitete. Die Reuthaue hätte man damals immer in der Scheunendurchfahrt aufbewahrt.

Auch die Thaler-Brüder galten nach einer Aussage der ehemaligen Magd Kreszenz Rieger als verdächtig. Die Gebrüder Thaler hätten vor der Tat in der Umgebung schon mehrere kleine Einbrüche begangen. Zur Kartoffelerntezeit 1921 sollen sich mehrere ungewöhnliche Zwischenfälle ereignet haben. Josef Thaler soll nachts öfters an ihrem Fenster gestanden haben. Als sie das Fenster einmal öffnete, soll Josef Thaler sie über die Gruber- und Gabriel-Familie ausgefragt haben, wobei sie aber keine Antwort auf seine Fragen gab. Im Gespräch behauptete Josef Thaler, zu wissen, welcher Kaifecker in welchem Zimmer schlief. Des Weiteren gab er an, dass die Kaifecker viel Geld hätten. Das Geld würden sie tagsüber an einem anderen Ort verstecken als nachts. Nach ca. 30 Minuten ging Josef Thaler. Dabei bemerkte die Magd, dass noch eine zweite unbekannte Person in der Nähe war. Nach ihrer Aussage sahen sich Josef

Thaler und der Unbekannte das Maschinenhaus an und wandten ihre Blicke nach oben. Die Magd glaubte, dass der Unbekannte Andreas, der Bruder von Josef, sei. Zur gleichen Zeit soll sich auch die Tür der Magdkammer gegen Mitternacht immer wieder von alleine geöffnet haben. Aus Angst kündigte Kreszenz Rieger dann nach vier Wochen.

Die Familie Gabriel-Gruber war angeblich wohlhabend. Ihr Vermögen, das seitens Lorenz Schlittenbauer auf 100.000 Mark geschätzt wurde, war sowohl in Pfandbriefen und Kriegsanleihen als auch in Schmuck und Gold- bzw. Silbermünzen angelegt. Außerdem verfügte sie über ein beträchtliches Barvermögen. Darüber hinaus besaß sie 50 Tagwerk (ca. 17 Hektar) Land und einige Stück Vieh (Rinder, Schweine und Hühner). Als der Mord geschah, war der Neubau des Stalls geplant.

Die Bewohner der Einöde lebten zurückgezogen und galten in der Dorfgemeinschaft Gröbern als geizig. Um Geld zu sparen, beschäftigten sie – zum Teil illegal und oft nur für einige Wochen – unter anderem umherziehende Hilfsarbeiter.

Im Erbschein vom 7. Juni 1922 wurde das Vermögen zur einen Hälfte der Familie des Andreas Gruber und zur anderen der aus erster Ehe stammenden Tochter von Cäzilia Gruber, Cäzilia Starringer, zugesprochen. Sämtliches Gold- und Silbergeld sollte wegen Steuerhinterziehung an den Fiskus abgetreten werden (dies wurde später jedoch revidiert, und die Erben konnten das Geld erhalten). Karl Gabriel sen., Vater von Viktoria Gabriels verstorbenem Ehemann und Großvater der Cäzilia Gabriel, klagte daraufhin mit der Begründung, die siebenjährige Cäzilia als Universalerbin sei nachweislich nach ihrer Mutter ums

Leben gekommen. Diese und alle weiteren Klagen Karl Gabriels wurden vom Gericht abgelehnt. Schlussendlich erwarb Josef Gabriel (Sohn von Karl Gabriel und Schwager der ermordeten Viktoria Gabriel) das Anwesen von der 13-köpfigen Erbengemeinschaft am 22. September 1922 für 3 Millionen Mark.

Im Februar 1923 begann Karl Gabriel sen., mit einigen Helfern den Mordhof abzureißen. Beim Abriss wurde das blutverschmierte Tatwerkzeug gefunden, eine Reuthaue, die aus dem Besitz von Andreas Gruber stammte und auf dem Dachboden unter den Dielenbrettern (im sogenannten Fehlboden) in der Nähe des Kamins versteckt worden war. Es ließ sich zweifelsfrei nachweisen, dass eine überstehende Schraube, die offenbar bei einer unfachmännischen Reparatur angebracht worden war, Verletzungsspuren bei den Opfern hinterlassen hatte. Brauchbare

Fingerabdrücke konnten zwar nicht mehr festgestellt werden, wohl aber Anhaftungen von menschlichen Haaren.

Bereits kurz nach der Entdeckung des Mordes fanden sich viele Schaulustige in Hinterkaifeck ein, und einige blieben sogar in der Nacht, um für „die armen Seelen" zu beten. An der Beerdigung am 8. April 1922 nahmen einige tausend Menschen auf dem Friedhof von Waidhofen teil. Es stellte sich nach der Tat eine regelrechte Hinterkaifeck-Hysterie ein, und die Bevölkerung der Umgebung spekulierte über mögliche Täter.

Die Toten sind ohne Schädel auf dem Friedhof Waidhofen bestattet, ein Gedenkstein wurde am Grab errichtet. Die Schädel der Toten befanden sich zuletzt in einem Justizgebäude in Augsburg und wurden bei einem Bombenangriff im Zweiten Weltkrieg zerstört. Der Hof wurde bereits 1923 abgerissen, und heute steht in der Nähe nur noch ein Marterl.

Im Augenscheinprotokoll der Gerichtskommission Schrobenhausen wurde vermerkt, die Opfer seien wahrscheinlich durch Unruhe im Stall (brüllendes, losgebundenes Vieh) in den Stall gelockt worden. Ein Versuch ergab allerdings, dass zumindest menschliche Schreie aus dem Stadel (Tatort bzw. Fundort von Andreas und Cäzilia Gruber sowie Viktoria und Cäzilia Gabriel) nicht im Wohnbereich zu hören waren. Daraus ergibt sich die Frage, ob die Hinterkaifecker wirklich wie oben beschrieben in den Stadel gelockt wurden oder auf eine andere unbekannte Weise.

Der exakte Tathergang konnte nicht zweifelsfrei geklärt werden. Es wurden nur fünf Bilder vom Tatort gemacht: zwei mit den Leichen in der Scheune, eins von der toten Magd in ihrer Kammer, eins von Josefs Stubenwagen in Viktorias Schlafzimmer sowie eine Außenansicht vom Hof. Daktyloskopische Spuren wurden nicht gesichert. Eine Tatrekonstruktion anhand der Auffindesituation ergab, dass Viktoria Gabriel vermutlich das erste Mordopfer war. In der Scheune wurden anschließend wahrscheinlich Cäzilia Gruber, danach ihr Ehemann Andreas Gruber und zuletzt Cäzilia Gabriel erschlagen. Im Haus dürfte zunächst die Magd getötet worden sein, zum Schluss dann Josef. Alle Leichen wiesen schwere Kopfverletzungen auf, bei Viktoria Gabriel sollen zudem auch Würgemale am Hals festgestellt worden sein, die Quellenlage ist hierzu jedoch nicht eindeutig.

Ferner wurde die Annahme in Zweifel gezogen, dass der oder die Täter sich bereits vor der Tat im Haus aufgehalten hatten. Einige der Indizien dafür — wie die verschobenen Dachziegel und die Mulden im Heu — wurden später auch als Liebesversteck der Inzestbeziehung zwischen Andreas Gruber und Viktoria Gabriel interpretiert. Dies würde auch erklären, warum die Mulden und Ziegel von Andreas Gruber nicht bemerkt oder erwähnt wurden, obwohl er nach gesicherten Aussagen den Hof vor der Tat mehrfach gründlich durchsucht haben soll.

In der Nacht nach der Tat (also noch drei Tage vor dem Auffinden der Leichen) beobachtete der zufällig an Hinterkaifeck vorbeikommende Handwerker Michael Plöckl, dass der Backofen des Hofes von einer ihm unbekannten Person angeheizt worden war. Die Person sei daraufhin mit einer Taschenlampe auf ihn zugekommen und habe ihn dabei geblendet, woraufhin er eilig seinen Weg fortgesetzt habe. Plöckl bemerkte außerdem, dass der Rauch vom Kamin einen widerlichen Geruch hatte. Weder wurde dieser Vorfall näher untersucht, noch sind Ermittlungen bekannt, die festgestellt hätten, was in jener Nacht in dem Backofen verbrannt worden war.

Am 1. April um 3 Uhr morgens will der Landwirt und Metzger Simon Reißländer auf dem Nachhauseweg in der Nähe von Brunnen zwei unbekannte Gestalten am Waldrand gesehen haben. Als die Unbekannten ihn sahen, drehten sie sich so um, dass man ihre Gesichter nicht sehen konnte. Als er später von den Morden in Hinterkaifeck hörte, hielt er es für möglich, dass die Unbekannten damit in Verbindung stehen könnten.

Der Monteur Albert Hofner war nach dem Verbrechen für mehrere Stunden zwecks Reparaturarbeiten auf dem Hof, wurde aber erst 1925 vernommen, da die Polizei ein Verhör unmittelbar nach der Tat versäumt hatte. Seine Aussage legt den Verdacht nahe, dass sich der oder die Täter während seiner Anwesenheit immer noch oder zwischenzeitlich wieder auf dem Hof aufgehalten haben. So fand er die Zugänge zum Haus zwar verschlossen vor und traf auch keine Person an, doch bei seiner Ankunft vernahm er angeblich Hundegebell aus dem Inneren des Hauses. Beim Verlassen des Gehöfts ein paar Stunden später bemerkte er, dass der bellende Spitz der Grubers nun vor der immer noch verschlossenen Haustür angebunden war und das Stadeltor offen stand (durch das er allerdings nicht trat). Als die Leichen am frühen Abend desselben Tages entdeckt wurden, wurde der sichtlich verstörte Hund mit einem verletzten Auge bei den Opfern in der Scheune vorgefunden, deren Tür nun wieder geschlossen war.

Mitte Mai 1927 soll ein fremder Mann einen Anwohner von Waidhofen gegen Mitternacht angehalten haben. Er stellte ihm Fragen über den Mord und rief daraufhin, dass er der Mörder sei; dann rannte er in den Wald. Wer der Mann war, konnte nicht festgestellt werden.

Das persönliche Umfeld der Opfer wurde nur unzureichend untersucht. Dies gilt in den ersten Jahren insbesondere auch für die neue Magd Maria Baumgartner. Dabei ist es immerhin bemerkenswert, dass die Morde wenige Stunden nach ihrer Ankunft auf dem Hof geschahen. Es ist zumindest möglich, dass das Mordmotiv mit ihrer Person in Verbindung steht.

Als Motiv wurde häufig Raubmord angenommen, obwohl ein für damalige Verhältnisse hoher Geldbetrag (ca. 1800 Goldmark) in einem Schrank gefunden wurde, der von dem oder den wohl noch länger im Haus verbliebenen Tätern durchsucht wurde. Zudem sprechen die komplexen und übermäßig brutalen Tatausführungen, bei denen die Familie inklusive der Kinder ausgelöscht wurde, sowie auch diverse Nachtathandlungen (zum Beispiel die Positionierung und Abdeckung der Leichen oder die offensichtliche Sorgfalt beim Versuch, die Morde so lang wie möglich unentdeckt zu lassen) eher für eine emotional geprägte Beziehungstat.

Auch die Mordwaffe stellt ein Rätsel dar. Im Auffindebericht wird von einer Kreuzhacke gesprochen, die am Tatort gefunden wurde und von der Schlittenbauer behauptete, sie habe in einem Futtertrog für das Vieh gelegen. Die Polizei erwähnt diese Hacke ausdrücklich in dem Auffindebericht. Ein Jahr später wurde beim Abriss des Hofes in einem Versteck im Boden eine Reuthaue gefunden, die als Tatwaffe identifiziert wurde (siehe oben). Von der ersten Hacke war danach genauso wie von einem angeblich blutigen Bandeisen, das ebenfalls beim Abriss des Hofes entdeckt wurde, keine Rede mehr. Bleibt die Frage, ob es sich bei den beiden nicht mehr erwähnten Objekten um weitere Tatwaffen handelt oder nicht. Falls doch, würde das auf mehrere

Täter hinweisen. Auch das lässt sich nicht mehr endgültig klären.

In den 1970er Jahren wurde beim Abriss der Sakristei der St.-Vitus-Kirche in Hagelstadt ein Sterbebild der Familie in einem Kirchenbuch gefunden, das die handschriftlichen Vermerke neidisch wucherisch, in ganzer Umgegend verachtet, wg Sittlichkeit 1 Jahr, Blutschande und Strafe Gottes trägt. Wer das Bild vermutlich bereits in den 1920er Jahren beschriftete und wie oder wann es in das etwa 85 Kilometer entfernte Hagelstadt gelangte, ist nicht bekannt.

GESCHE GOTTFRIED

Gesche Margarethe Timm war die Tochter des Schneidermeisters Johann Timm und der Wollnäherin Gesche Margarethe Timm. Sie hatte einen Zwillingsbruder namens Johann. Gesche besuchte die Klippschule, danach die Ansgarii-Kirchspielschule und ging ab

1798 zum lutherischen Religionsunterricht am Dom. Sie war ordnungsliebend und fleißig, nahm Tanz- und Französischunterricht und galt als etwas eitel. Die Familie lebte in ärmlichen Verhältnissen.

1806 heiratete sie den wohlhabenden, aber leichtlebigen Sattlermeister Johann Miltenberg, dessen Frau gerade gestorben war. Durch diese Ehe stieg sie in gutbürgerliche Verhältnisse auf. Sie bekam fünf Kinder, von denen drei zunächst am Leben blieben: Adelheid (1809–1815), Heinrich (1810–1815) und Johanna (1812–1815).

Miltenberg führte „ein liederliches Leben in Kneipen und Bordellen" und verlor so das väterliche Vermögen. Nach dem Tod ihres Mannes 1813 verarmte Gesche. Es bot sich ihr die Möglichkeit, ihren langjährigen Liebhaber, den Weinhändler Michael Christoph Gottfried, zu heiraten – er versprach ihr 1817 die Ehe auf dem Sterbebett. Das gemeinsame Kind, mit dem Gesche schwanger war, kam im selben Jahr als Totgeburt zur Welt. Gesche Gottfried trat ein kleines Erbe an, lebte aber verschwenderisch. 1821 verkaufte sie auf Grund permanenten Geldmangels ihr Haus in der Pelzerstraße 37 und zog in die Obernstraße. 1822 unternahm sie eine Reise nach Stade. Nachdem sie nach Bremen zurückgekehrt war, verlobte sie sich mit dem Modewarenhändler Paul Thomas Zimmermann. Dieser starb 1823 noch vor der Heirat, bedachte Gottfried jedoch in seinem Testament.

1824 zog Gottfried aus der Obernstraße zurück in ihr altes Haus in der Pelzerstraße, das mittlerweile vom Rademachermeisterehepaar Wilhelmine und Johann Christoph Rumpff erworben worden war. Gesche arbeitete bei ihnen gegen Kost und Logis als Haushaltshilfe. Die Dame des Hauses starb bald darauf. 1827 fuhr Gesche Gottfried nach

Hannover, um ihren alten Freund Friedrich Kleine zu treffen. Er war einer ihrer Gläubiger und sie musste ihm Geld zurückzahlen, das sie nicht hatte. Wenig später war er tot.

Um 1812 hatte Gottfried von ihrer Mutter eine Papiertüte mit Arsenikpulver geschenkt bekommen, um damit eine angebliche Mäuseplage zu bekämpfen. Mit diesem Arsenik tötete Gesche Gottfried acht Menschen und verletzte viele schwer, da sie auch wahllos kleinere, nichttödliche Portionen verteilte. Nach dem achten Mord 1817 war das Gift verbraucht. Es dauerte sechs Jahre, bis sie sich von ihrer Magd und Freundin Beta Schmidt (einem späteren Opfer) „Mäusebutter" aus der Apotheke holen ließ. Mäusebutter besteht zu zwei Anteilen aus Butterschmalz und Arsenik. Mit der Mäusebutter brachte sie weitere sieben Personen um.

Teile der Bremer Bevölkerung schätzten Gottfried sehr und bedauerten die vielen vermeintlichen Unglücksfälle in der Familie. Sie nahmen Anteil und gaben der Mörderin den Beinamen „Engel von Bremen", da sie sich rührend um ihre dahinsiechenden Verwandten und Freunde kümmerte.

1. Oktober 1813: Johann Miltenberg (erster Ehemann)

2. Mai 1815: Gesche Margarethe Timm (Mutter)

10. Mai 1815: Johanna Miltenberg (Tochter)

18. Mai 1815: Adelheid Miltenberg (Tochter)

28. Juni 1815: Johann Timm (Vater)

22. September 1815: Heinrich Miltenberg (Sohn)

1. Juni 1816: Johann Timm (Bruder)

5. Juli 1817: Michael Christoph Gottfried (zweiter Ehemann)

1. Juni 1823: Paul Thomas Zimmermann (Verlobter)

21. März 1825: Anna Lucia Meyerholz (Musiklehrerin, Freundin)

5. Dezember 1825: Johann Mosees (Nachbar, Freund, Berater)

22. Dezember 1826: Wilhelmine Rumpff (Vermieterin)

13. Mai 1827: Elise Schmidt (dreijährige Tochter von Beta Schmidt)

15. Mai 1827: Beta Schmidt (Freundin, Magd)

24. Juli 1827: Friedrich Kleine (Freund, Gläubiger; in Hannover ermordet)

Gesche Gottfried verteilte weiter kleine, nichttödliche Dosen Gift. Ihr Vermieter, Johann Christoph Rumpff, wurde jedoch mit der Zeit misstrauisch und auch in der

Stadt kursierten immer mehr Gerüchte über die zahlreichen Todesfälle. Als Rumpff eines Tages in einem Schinken kleine weiße Körner entdeckte, ließ er diese von seinem Arzt D. Luce bestimmen (Luce hatte bereits einige der Mordopfer selbst untersucht). Es stellte sich heraus, dass es sich bei den Kügelchen um Arsenik handelte. Damit war die Giftmörderin Gesche Gottfried enttarnt. Am Abend des 6. März 1828 – ihres Geburtstages – wurde sie verhaftet und ins Stadthaus gebracht, am 13. Mai 1828 in das neue Detentionshaus am Ostertor überführt. Von Augenzeugen wurde Gesche Gottfried zu jener Zeit als sehr verwirrt und verängstigt beschrieben.

In den annähernd drei Jahren, die sie im Detentionshaus verbrachte, wurde sie regelmäßig von Senator Franz Friedrich Droste, dem Untersuchungsrichter, verhört. Gerichtssekretär Johann Eberhart Noltenius protokollierte die

Verhöre. Gottfried berichtete von ihren Taten, aber auch von den Ängsten, die sie dabei plagten. Die Justizbeamten der Stadt und auch ihr Verteidiger Friedrich Leopold Voget versuchten, ihre Handlungen zu verstehen. Während der Haft soll Gottfried mehrere Male erwogen haben, sich selbst mit Mäusebutter, die sie in das Gefängnis geschmuggelt hatte, umzubringen. Sie traute sich jedoch nicht, da sie sich vor den Schmerzen und den Leiden fürchtete, die sie bei ihren Opfern miterlebt hatte.

In diesen drei Jahren bildete sich zwischen Gottfried und dem Senator Droste eine fast freundschaftliche Beziehung. So sagte Droste ihr am Tag vor der Hinrichtung, dass er sie all die Monate lächelnd und glücklich angesehen habe, dass er aber nun auf dem Schafott ernst blicken müsse, wie es das Protokoll vorschreibe. Das sei aber nicht gegen sie gerichtet, sondern notwendig. Sie solle ihn freundlich in Erinnerung behalten. Sie würden sich im Himmel wiedersehen.

Über die Mordmotive der Gesche Gottfried wurde viel diskutiert. Man kam jedoch zu keinem abschließenden Ergebnis, weil die Angeklagte selber keine wirklichen Gründe angeben konnte und der Antrag ihres Verteidigers auf ein psychiatrisches Gutachten von Bremer und Lübecker Richtern abgewiesen wurde. Wichtigste Quellen sind also die Verteidigungsschrift ihres Verteidigers Friedrich Leopold Voget und sein wenige Jahre später veröffentlichtes biografisches Buch über Gesche Gottfried. Beide Werke des Autors widersprechen sich allerdings gerade bezüglich der Motive.

Die Biografie legt dar, dass die Motive Gesche Gottfrieds selbstsüchtiger Natur gewesen seien, weil ihr Ehemann Johann Miltenberg einer Liebesbeziehung und einer Ehe mit

Michael Christoph Gottfried im Wege gestanden habe. Auch die Eltern seien umgebracht worden, weil sie der Beziehung und einer Ehe ablehnend gegenübergestanden hätten. Die Kinder hätten sterben müssen, weil sie den Eindruck gehabt habe, Gottfried wolle sie ihretwegen nicht heiraten. Spätere Morde seien aus finanziellen Gründen erfolgt.

Dem steht die Darstellung Vogets als Verteidiger gegenüber. Als solcher negiert er diese Motive und legt dar, dass Gottfrieds erster Ehemann der Liebesbeziehung nicht ablehnend gegenübergestanden, sondern sie vielmehr zugelassen habe. Auch das Verhältnis der Eltern zu ihr sei zu liebevoll und eng gewesen, als dass sie im Weg gestanden haben könnten. Die finanziellen Vorteile der Taten seien eher geringfügig und zum Teil nicht vorhanden gewesen. Stattdessen betont Voget, dass Gesche Gottfried einen inneren Drang zu Giftmorden verspürt habe. Er stützt sich dabei auf Gottfrieds eigene Aussagen, vor allem bei den späteren Morden einen Drang zum Töten verspürt zu haben. Die Anklage interpretierte diese Schilderungen seinerzeit als ein Bedürfnis Gottfrieds, die Kontrolle über das Leben ihrer Opfer zu haben.

Die nach dem Ende des Prozesses herausgegebene Biografie ist allerdings trotz eines entgegenstehenden Vorworts Vogets keine psychologische Darstellung, sondern als Moralschrift eines zu tiefen religiösen Vorstellungen neigenden Mannes zu verstehen und weist alle Merkmale einer solchen Schrift auf. In den Vordergrund werden Selbstsucht und Sündhaftigkeit von Gesche Gottfried gestellt. Leumundsaussagen, auf die sich Voget in seiner Verteidigung berufen hatte, werden auf Heuchelei Gesche Gottfrieds zurückgeführt. Relativ kleine Ereignisse werden als Vorboten des Verbrechens interpretiert.

Heutzutage vermuten Geisteswissenschaftler und Polizeipsychologen, dass Johann Miltenberg, Gottfrieds erster Ehemann (und erstes Opfer), sterben musste, damit er der sich anbahnenden Affäre seiner Frau mit Michael Christoph Gottfried nicht im Wege stand. Hierbei dürfte Gesche Gottfried allerdings ein gedanklicher Fehler unterlaufen sein. Vermutlich bedachte sie nicht, dass sie nach dem Tod ihres Mannes praktisch mittellos sein würde. Zudem musste sie nun allein, ohne Auskommen und nur mit einem kleinen Erbe ihre Kinder und die schwachen Eltern ernähren. Diese Aufgabe dürfte ihr wohl über den Kopf gewachsen sein, sowohl finanziell als auch vom Aufwand her. Aus diesem Grunde wird sie Kinder und Eltern getötet haben. Ihren zweiten Ehemann und ihren Verlobten brachte sie mit hoher Wahrscheinlichkeit aus Geldnot um, da sie die tödliche Dosis Gift (nach vielen kleineren) in diesen Fällen erst verabreichte, als die Männer sie im Testament bedacht hatten.

Warum Gottfried allerdings auch ihre Freunde und Vermieter tötete, gilt weiterhin als ungeklärt. Im 18. und 19. Jahrhundert ging die Kriminologie allgemein davon aus, Giftmord sei ein typisches Frauendelikt, weil Frauen wegen körperlicher Schwäche keine anderen Gewaltdelikte begehen könnten. Der Jurist und einer der ersten Kriminalpsychologen, Paul Johann Anselm von Feuerbach (1775–1835), vertrat in seiner Biographie der nach Gesche Gottfried berühmtesten deutschen mehrfachen Giftmörderin, Anna Margaretha Zwanziger, geb. Schönleben (1760–1811) aus Nürnberg, die Auffassung, es sei das Gefühl oder sogar die Sucht bzw. der Rausch der geheimen Macht über Menschen und über Leben und Tod, das zur Wiederholung eines erfolgreichen Giftmordes führe.

Rechtshistorisch fand der Prozess gegen Gesche Gottfried am Übergang zwischen dem frühneuzeitlichen, von der Carolina aus dem 16. Jahrhundert bestimmten Strafprozess zum modernen Strafprozess statt. So berief sich die Verteidigung auf die strengen Beweisregeln der Carolina, während sich die Anklage unter Johann Carl Friedrich Gildemeister auf den modernen Grundsatz der freien Beweiswürdigung stützte. Es war einer der ersten Prozesse weltweit, in dem sich die Strafverteidigung auf die Schuldunfähigkeit der Angeklagten berief. Die Anklage und das Gericht verwarfen diesen Einwand mit der später von Gerichten des angelsächsischen Raumes entwickelten Formel, dass Gesche Gottfried gewusst habe, was sie tat, und dass sie Unrecht begangen hatte.

Bei der Urteilsverkündung wurde so entschieden, wie allgemein erwartet: Tod durch das Schwert. Das Urteil wurde vom Oberappellationsgericht in Lübeck bestätigt.

Am 21. April 1831 gegen 8 Uhr wurde die abgemagerte und früh gealterte Gesche Gottfried mit einem Pferdewagen vom Gefängnis abgeholt und zum Domshof gefahren, wo bereits etwa 35.000 Zuschauer rund um das Schafott warteten. Sie wurde auf das Holzgerüst geführt, wo ihr der vorsitzende Richter noch einmal das Urteil vorlas. Dann zerbrach Senator Droste einen Holzstab als Symbol dafür, dass das Urteil rechtskräftig sei. Anschließend wurde der Angeklagten noch ein Glas Rotwein gereicht, doch Gottfried nippte nur daran und reichte dann jedem einzelnen Richter die Hand. Wenig später wurde sie auf dem Stuhl festgeschnallt. Sie fing an zu beten. Ein Assistent fasste ihre Haare, um den Kopf in die Höhe zu ziehen. Wenige Augenblicke später beendete der Scharfrichter das Leben der Gesche Margarethe Gottfried.

Der abgeschlagene Kopf wurde noch einmal herumgezeigt, dann wurde der Körper in einen Sarg gelegt und im Pathologischen Institut der Bremer Krankenanstalten (heute Klinikum Bremen-Mitte) skelettiert und bis 1912 in einem Schrank aufbewahrt. Während des Ersten Weltkrieges brannte das Pathologische Institut ab und die letzten sterblichen Überreste wurden vernichtet.

Es war die letzte öffentliche Hinrichtung in Bremen.

RITTER KAHLBUTZ

Christian Friedrich von Kahlbutz (* 6. März 1651 ; † 3. November 1702), (Vater: Balzer von Kalebutz, Mutter: Rixa von der Schulenburg) in anderer Schreibweise auch als Christian Friedrich von Kalebuz bekannt, war ein märkischer Edelmann, der vor allem dadurch Berühmtheit erlangte, dass sein Leichnam nicht verwest ist, ohne dass künstliche Mumifizierungsverfahren angewendet wurden. Der mumifizierte Leichnam ist eine Touristenattraktion.

Für seine Verdienste als Kornett im Regiment des „Generals der Reiterei" Prinz Friedrich II. von Hessen-Homburg in der Schlacht bei Fehrbellin gegen die Schweden 1675 erhielt Kahlbutz vom brandenburgischen Kurfürsten Friedrich Wilhelm das Gut Kampehl bei Neustadt an der Dosse als Erblehen. Die oftmals irreführende Bezeichnung „Ritter" bezieht sich auf seine Angehörigkeit zur märkischen Ritterschaft.

Ritter Kahlbutz starb im Alter von 52 Jahren an einem Blutsturz und wurde in einem Doppelsarg in der Patronatsgruft beigesetzt. 1783 starb der letzte von Kahlbutz, deshalb wechselte das Gut im Folgenden mehrfach den Eigentümer.

1794 wurde die Kirche von Kampehl renoviert und man wollte wie üblich die Särge im Gruftanbau beisetzen. Beim Öffnen der Särge stellte sich heraus, dass nur die eine Leiche des Ritters Kahlbutz nicht verwest war. Kahlbutz ließ sich seinerzeit mit zwei Kanonenkugeln, die er aus der Schlacht von Fehrbellin mitbrachte, bestatten. Diese sind dort noch zu sehen.

Der Volksmund fand eine Erklärung für die Mumifizierung des Ritters Kahlbutz und sah darin Gottes gerechte Strafe für einen Mord. Der Sage nach wurde Kahlbutz im Jahre 1690 von seiner Dienstmagd Maria Leppin des Mordes an ihrem Verlobten, dem Schäfer Pickert aus dem Nachbarort Bückwitz, bezichtigt. Die Tat geschah am Bückwitzer See. Die Begründung lautete, er habe den Schäfer aus Rache erschlagen, weil die Magd dem Ritter das „Recht der ersten Nacht" verweigert hätte. Auch habe er sich mit Pickert um die Größe des Weideplatzes gestritten. Im folgenden Strafprozess in Dreetz bei Neustadt wurde Kahlbutz jedoch aufgrund seiner eigenen eidlichen Aussage freigesprochen, da die Zeugen fehlten. Ritter Kahlbutz soll dabei vor dem Gericht geschworen haben: „Wenn ich doch der Mörder bin gewesen, dann wolle Gott, soll mein Leichnam nie verwesen.“

Im Laufe der Jahre wurden der Mumie weitere Spuk- und andere mysteriöse Geschichten angedichtet. Aus den Zeiten der Napoleonischen Besetzung im Jahre 1806 gibt es Erzählungen über Scherze der französischen Besatzer. Die Mumie soll von französischen Soldaten als „Nachtwache“ eingesetzt worden sein. Theodor Fontane schreibt distanziert die Legende nieder, dass Napoleons Soldaten die Mumie einst aus Spaß auf den Altar der Kirche kreuzigen wollten. Als sie versuchten, die linke Hand festzunageln, sprang diese zurück in ihre

Ausgangsposition und ohrfeigte dabei einen Soldaten, der vor Schreck sofort starb.

An der Schwenzebrücke am Bückwitzer See soll Kahlbutz den Schäfer Pickert erschlagen haben. Hierzu nimmt Fontane die folgende Geschichte auf: Spaziergänger wurden von einer unsichtbaren Last befallen, als sie gegen Mitternacht die Schwenzebrücke überquert haben. Je mehr sie sich von der Last trennen wollten, umso schwerer wurde sie. Erst als sie sich der Gegend, in der der Mord geschehen sein soll, weit genug entfernt hatten, ließ diese Last los. Hierzu wird auch erzählt, dass Pferde um Mitternacht am selben Ort aus unerklärlichen Gründen nur mühsam vorankämen, scheuten oder einfach stehen blieben.

1806 soll ein französischer Offizier die Mumie aus dem Sarg genommen, ihn beschimpft und bespuckt und falsch herum in den Sarg zurückgelegt haben.

Anschließend habe er ihn aufgefordert, falls er wirklich spuken sollte, solle er ihn um Mitternacht in seinem Quartier besuchen. Am nächsten Tag soll der Offizier tot in seinem Quartier gefunden worden sein, das Genick um 180° verdreht. Dabei sollen Türen und Fenster von innen verriegelt gewesen sein, sodass ein Eindringen von außen nicht möglich war. Die französischen Soldaten ließen ihre Wut an den Dorfbewohnern aus, die ihre Unschuld an diesem Mord beteuerten. Kurze Zeit später kam es in Neustadt zu einem Gerichtsverfahren, bei dem der Prozess fallen gelassen wurde, weil kein Täter wegen der verschlossenen Türen in Frage käme.

Im Übrigen wurde mit dieser Mumie im Ort allerlei Schabernack betrieben, so wurde diese bei Hochzeiten zu diversen Streichen genutzt. 1913 wurde sie in das Brautbett einer frischvermählten Braut gelegt. Anfang des 20. Jahrhunderts war sie mehrere Jahre in einem

Wartezimmer eines Neustädter Arztes ausgestellt und löste Ohnmachtsanfälle bei den Patienten aus. Sie soll von Schuljungen auf das Dach der Schule gelegt worden sein.

Von der Kleidung, in der Kahlbutz bestattet wurde, blieb kaum etwas erhalten. Lediglich seine Stiefel, eine Totenmütze und einige Fetzen von Ordensbändern waren erhalten geblieben. In den 1930er Jahren brachen Studenten in die Gruft ein, stahlen die Stiefel und seinen Harnisch, der dort ausgestellt war. Einige Wochen später schickten sie einen Stiefel zurück und teilten mit, dass das Bier, das sie aus dem Stiefel tranken, vorzüglich geschmeckt hat.

Mit der allem Anschein nach nicht einbalsamierten Leiche des Ritters wurden bereits zahlreiche Untersuchungen durchgeführt, die klären sollten, warum der natürliche Verwesungsprozess speziell bei dieser

Leiche nicht einsetzte. Sowohl Rudolf Virchow als auch Ferdinand Sauerbruch beschäftigten sich mit der Leiche des Ritters und auch die Berliner Charité untersuchte in den 1980er Jahren Ritter Kahlbutz erfolglos. Warum Kahlbutz nicht verwest ist, bleibt weiterhin ungeklärt.

WERWOLF VON BEDBURG

Peter Stump (* 1525; † 31. Oktober 1589 in Bedburg), genannt Stubbe- oder Stübbe-Peter, beging nach Auffassung der damaligen Justiz im Zeitraum von 25 Jahren in Epprath und Bedburg im Rheinland in der Gestalt eines Werwolfes mindestens 16 Morde, Vergewaltigungen sowie Inzest. Des Weiteren wurden ihm Zauberei und das Zusammenleben mit einer „Teufelin" vorgeworfen. Am 28. Oktober 1589 als schuldig befunden, wurde er wenige Tage später durch Rädern und Enthauptung hingerichtet. Sein

Leichnam wurde im Anschluss verbrannt.

Wir beginnen mit seiner Kindheit, in der er schon einen großen Hang zum Bösen gehabt haben soll. Neben seiner Schwester trieb es ihn zu seiner aufregend schönen Gevatterin, Katherine Trompin, die er durch seine schmeichlerischen Reden gewann. In der Blüte seiner Kraft zeugte er einen Sohn, den er sein Herzensglück nannte. Jedoch dürstete ihn sogar nach dem Blut seines eigenen Sohnes. In einem nahen Wald sprang er in Gestalt und Erscheinung eines Wolfes verwandelt seinen eigenen Sohn an und stürzte sich so grausam auf ihn, daß er zu Boden fiel. Augenblicklich fraß er das Hirn aus seinem Schädel, wie eine besonders schmackhafte und leckere Köstlichkeit, gerade recht, seinen unbändigen Hunger zu stillen. Dies war die abscheulichste Tat, die man jemals von einem Menschen berichtete: vollkommen entartet. Lange Zeit setzte er dieses gemeine und schurkische Leben fort, manchmal in der Gestalt als Wolf, manchmal als Mann. Manchmal in den Ortschaften und Städten, ein andern Mal im Unterholz der Wälder, welche sie begrenzten. Wie die Flugschrift glauben macht, tötete er eines Tages zwei Männer und eine Frau, wobei er heftiges Verlangen spürte, sie alle zu töten. Nachdem er die Frau vergewaltigt hatte, brachte er sie grausam um. Die Männer fand man später zerfleischt im Wald. Die Leiche der Frau wurde nie wieder gefunden. Der Unhold hatte sie wolfshungrig verschlungen. Er schätzte ihr süßes, köstliches Fleisch. (Peter Stubbe soll über einen Zeitraum von 25 Jahren all die ihm vorgeworfenen Greueltaten verübt haben.) Die Bewohner von Köln, Bedburg und Epprath wagten nicht mehr zu reisen und wenn, dann nur in Geleitschutz. Zu ihrem Leidwesen und mit wehem Herzen fanden nämlich die Einwohner weit verstreut über die Felder die Arme und Beine toter Männer, Frauen und Kinder. Sie wußten, daß alles dieses von jenem seltsamen und greulichen Wolf verübt worden war. Sie hatten keine Ahnung, wie sie ihn fassen und überwältigen könnten. Um ihn zu fangen, hielten sie ständig große Bulldoggen und äußerst kräftige Doggen. Letztlich aber, als sie bereit waren und ihn suchten, da gefiel es Gott, daß sie ihn in seiner wölfischen Gestalt erspähten. Sofort setzten sie ihre Doggen auf ihn an, daß es für ihn keine Aussicht auf Flucht gab. In so günstiger Situation standen sie ihm noch nie gegenüber. Als man ihm so hart auf den Fersen war, schlüpfte Peter Stubbe aus seinem Gürtel und kam sofort in seiner wahren Gestalt zum Vorschein. Dabei hatte er einen Stab in der Hand wie jemand, der zur Stadt gehen wollte. Aber die Jäger, deren Augen fest auf die Bestie gerichtet waren, sahen ihn eben an derselben Stelle ganz gegen ihre

Erwartung verwandelt. Es ergriff sie eine unbeschreibliche Verblüffung. Sie hatten tatsächlich denselben ergriffen, der ein Teufel in Menschengestalt war. Aber genauso gut erkannten sie ihn als alteingesessenen Bewohner des Städtchens. Sie gingen auf ihn zu und sprachen mit ihm. Dann zwangen sie ihn, mit ihnen nach Hause zu gehen, und da fanden sie schließlich bestätigt, daß er wirklich Peter Stubbe war. Daraufhin schleppten sie ihn vor Gericht, damit er verhört werde. Nach seiner Verhaftung wurde er kurzerhand in die Folterkammer der Stadt Bedburg gebracht. Da er sich vor der Folter fürchtete, war er bereit, sein ganzes Leben zu offenbaren. Er schilderte seine Boshaftigkeiten, die er in 25 Jahren verübt hatte. Er bekannte auch, wie er sich durch Hexerei beim Teufel den Gürtel besorgte, der ihn umgelegt zum Wolf machte. Er sagte aus, daß er den Gürtel bei seiner Verhaftung in einem bestimmten Hohlweg weggeworfen und dort liegengelassen habe. Als dies die Richter hörten, schickten sie jemand in diesen Hohlweg, um den Gürtel zu suchen. Aber die Nachforscher fanden nichts. Also nahm man an, daß er zum Teufel gegangen sei. Am 31. Oktober 1589 wurde er, in Anwesenheit zahlreicher Adliger, hingerichtet.

CATHERINE MONVOISIN

Catherine Monvoisin (* um 1640; † 22. Februar 1680), genannt La Voisin, war eine französische Serienmörderin, wurde als angebliche Hexe verurteilt und war eine der Hauptbeteiligten in der so genannten Giftaffäre.

Catherine Monvoisin lebte am damaligen Stadtrand von Paris. Ihr Ehemann war ein erfolgloser Juwelier. Um zu mehr Geld zu gelangen, und zusammen mit ihrer sechzehnjährigen Tochter und mehreren Kolleginnen, betätigte sie sich erfolgreich als sogenannte Engelmacherin, das heißt, sie half ihren (nicht selten hochgestellten oder adligen) Kundinnen, unerwünschte Schwangerschaften abzubrechen. Daneben verkaufte sie gegen hohe Honorare Liebestränke und Gifte und stellte Horoskope, um die Zukunft weiszusagen; durch angebliche Zauberei „half" sie ihren Kunden außerdem, ungeliebten Personen oder Rivalen Schaden zuzufügen. Außerdem sagte eine Komplizin unter der Folter aus, dass gemeinsam mit dem Abbé Étienne Guibourg, der aus dem Priesteramt verstoßen worden war, schwarze Messen zelebriert wurden, bei denen angeblich Säuglinge geopfert wurden. Das Blut der Kinder sei für Zaubertränke verwendet worden.

Viele Mitglieder des Hochadels gehörten zu ihrer Kundschaft, darunter auch Madame de Montespan, die langjährige Mätresse Ludwigs XIV., die bei La Voisin Zaubertränke kaufte und sie dem König heimlich in Essen und Trinken mischte, um sich seine Gunst zu erhalten.

1679 kamen in der Folge des Prozesses gegen die Marquise de Brinvilliers wegen Giftmischerei in Paris Gerüchte auf, denen zufolge in der Stadt zahlreiche weitere Giftmorde verübt worden seien. Ludwig XIV. erkannte den Skandal, der sogar seinem Hof drohte, und setzte eine Sonderkommission ein, die den Anschuldigungen nachgehen sollte. Unter der Leitung des Polizeikommissars von Paris, Gabriel Nicolas de la Reynie, wurde die Kommission unter dem Namen Chambre ardente (franz. glühende Kammer) bekannt, da ihre Verfahren in einem schwarz verhängten, durch Kerzen erhellten Raum stattfanden.

Nachdem La Reynie zwei Wahrsagerinnen verhaftet hatte, beschuldigten diese unter der Folter mehrere Komplizen und La Voisin. Sie soll ihren ersten Ehemann vergiftet,

Abtreibungen vorgenommen, Liebestränke zubereitet und Gift an den Hochadel verkauft haben. In ihrem Garten soll sich eine Kapelle befunden haben, in der angeblich Astaroth und Asmodaeus angebetet wurden. Zu den Gästen dieser schwarzen Messen mit Étienne Guibourg gehörten Prinzessinnen, Höflinge und der Scharfrichter.

Catherine Monvoisin wurde der Folter unterzogen, bestand jedoch bis zum Schluss darauf, keine Hexe zu sein. Am 22. Februar 1680 wurden La Voisin und andere Komplizen auf der Place de Grève zum Tode auf dem Scheiterhaufen verurteilt.

Eine Zeugin der Hinrichtung von La Voisin und schrieb in ihren Briefen: „Vor Notre-Dame hat sie sich geweigert, Abbitte zu leisten, und auf dem Greve-Platz sich mit Händen und Füßen dagegen gewehrt, auszusteigen. Man zog sie heraus und brachte sie auf den

Holzstoß, band sie in sitzender Stellung mit eisernen Ketten fest, bedeckte sie mit Stroh. Sie fluchte drauflos, stieß fünf- oder sechsmal das Stroh weg, aber schließlich loderte das Feuer auf, und sie ward nicht mehr gesehen. Ihre Asche fliegt jetzt in der Luft herum. So starb Frau Voisin, berühmt für ihre Verbrechen und ihren heidnischen Unglauben.“

HENRIETTE CAILLAUX

Henriette Caillaux (* 5. Dezember 1874 ; † 29. Januar 1943) war eine französische Prominente und die zweite Ehefrau des vorherigen Premierministers Joseph Caillaux. Caillaux erschoss Gaston Calmette, den Chefredakteur des Figaro. Ihr Freispruch wegen vorübergehender Unzurechnungsfähigkeit im anschließenden Prozess löste in Frankreich einen Skandal aus.

Henriette Caillaux lernte ihren zukünftigen Ehemann zu einem

Zeitpunkt kennen, als er noch mit seiner ersten Frau verheiratet war. Während ihr Mann als Finanzminister Frankreichs tätig war, wurde er in einer Pressekampagne des Figaro scharf attackiert. Calmette, der Chefredakteur der Zeitung, geriet in den Besitz von frühen Liebesbriefen von Henriette Caillaux vor ihrer Heirat und drohte mit deren Veröffentlichung. Daraufhin betrat Henriette Caillaux am 16. März 1914 das Büro des Chefredakteurs und feuerte mehrere Schüsse auf Calmette, der kurz darauf in einem Krankenhaus in Neuilly verstarb.

Sie wurde sofort verhaftet und vor Gericht gestellt. Ihr Anwalt war Fernand-Gustave-Gaston Labori. Der Prozess endete mit Freispruch am 28. Juli 1914. Begründung des Urteils war die „akute seelische Notlage" von Henriette Caillaux und dass ihr von der Jury entsprechend dem damaligen Frauenbild „unkontrollierbare weibliche

Emotionen" zugeschrieben wurden. Das Urteil löste heftige Kontroversen und Proteste in Frankreich aus.

ELISABETH BATHORY

Elisabeth Bathory wurde 1560 als Tochter des adeligen Militärs Georg Bathory von Ecsed (ung.: Bathory György) und Anna Báthory von Somlyós, der älteren Schwester des regierenden polnischen Königs Stephan Bathory , geboren. Georg war der dritte von vier Ehegatten der Anna Bathory. Elisabeth hatte einen älteren Bruder, Stefan (geb. 1555, ungar. Istvan), und die jüngeren Schwestern Sofia und Klara. Sie wuchs in Ecsed auf und lernte Latein, Deutsch und Griechisch. 1571 wurde sie mit elf Jahren mit dem fünf Jahre älteren Franz Nádasdy von Fogarasföld verlobt. Dessen Mutter Ursula hatte zwei Jahre vorher Burg Cachtice als Mitgift für ihn gekauft und starb im Jahr der Verlobung. Die Hochzeit fand am 9. Mai 1575 statt, als Elisabeth 14 Jahre alt war. Báthory änderte ihren Nachnamen in Bathory-Nadasdy. Die Eheschließung soll Anlass für ihren Übertritt zum Luthertum gewesen sein.

Elisabeth Bathory führte den Haushalt der Burg. Sie verwaltete das Erbe der Kanizsay und der Nadasdy für ihren Mann. Das Königreich Ungarn unter Herrschaft des Hauses Habsburg verschuldete sich zur Finanzierung des Krieges hoch bei den Nadasdy. 1585 gebar Bathory im Alter von 25 Jahren ihr erstes Kind, die Tochter Anna. Ein Gemälde von Bathory wurde im gleichen Jahr gemalt. 1586 bis 1594 bekam sie Ursula und Andreas, die beide als Kinder starben, und danach Katharina. Bathory war 38 Jahre alt, als 1598 der Sohn Paul – Haupterbe des Paares – geboren wurde.

Ihr Bruder Stephan, Erbe der Bathory von Ecsed, war kinderlos geblieben, so dass er Elisabeth Bathory 1600 in seinem Testament bedachte. 1601 erkrankte ihr Ehemann Franz Nadasdy in Pressburg (ungar. Pozsony, slowak. Bratislava).

Franz starb am 4. Januar 1604 an einer Krankheit, und Bathory erbte dessen gesamtes Vermögen. Nachdem sie 1605 auch ihren Bruder Stephan beerbt hatte, ballte sich große Macht in ihrer Hand. Sie besaß Lehen, Güter und Immobilien von Transsylvanien bis hinein nach Österreich, hauptsächlich aber in Nord-Ungarn, der heutigen Slowakei: Burg und Dorf Cachtice, Burg Beckov, Burg und Stadt Sarvar, Burg Leka, Ecsed (heute im Kleingebiet Mateszalka), Kanizsa (Erbe der Kanizsay), Burg und Stadt Illava, Lendva, Weingärten um Tokaj, Sopronkeresztur, Kapuvar (heute im Kleingebiet Kapuvar-Beled), Egervar (heute im Kleingebiet Zalaegerszeg), Nagycenk, Burg Füzer, Burg Devín (aus dem Erbe ihres Bruders Stephan) und Stadthäuser in Wien, Sopron, Trnava und Piestany. Viele der Burgen waren strategisch wichtig, insbesondere Devín an der Donau oberhalb von Pozsony (heute Bratislava). Am 27. März 1606 waren Heiducken des Aufständischen Istvan Bocskay in Cachtice.

Auf Befehl König Matthias II. von Ungarn stürmte und durchsuchte Graf Georg Thurzo von Bethlenfalva, seit 1609 Palatin von Ungarn und Vetter von Bathory, am 29. Dezember 1610 das Schloss von Cachtice. Bathory wurde wegen vielfachen Mordes an Dienerinnen 1611 unter Hausarrest gestellt. In Bitcse wurden zwei Prozesse abgehalten, einer in Ungarisch und einer in Latein. Da man Bathory selbst nicht Stellung nehmen ließ, bestand der Prozess nur aus der Vernehmung von Mitangeklagten und Zeugen. Erstere waren diverse Diener der Gräfin:

Helena, die Amme von Báthorys Kindern,

Johannes , ihr Hausmeister,

Katharina Beneczky, zehn Jahre lang als Wäscherin auf der Burg,

Dorothea, fünf Jahre Kammerzofe der Gräfin.

Die Aussagen dieser Mitangeklagten wurden laut den Prozessunterlagen einmal freiwillig, ein weiteres Mal unter der Folter erbracht. Anna Darvula galt ebenfalls als Täterin, war aber schon vor der Erstürmung der Burg gestorben.

Als Resultat des Prozesses wurden Dorothea und Helena die vorderen Fingerglieder abgetrennt und beide dann lebendig verbrannt. Johannes wurde geköpft, seine Leiche auf dem Scheiterhaufen verbrannt. Katharina wurde in Haft belassen und nicht verurteilt, da sie teilweise durch Zeugenaussagen entlastet wurde. König Matthias verlangte das Todesurteil gegen die Gräfin Bathory, Thurzo stimmte dem jedoch nicht zu. Bathory wurde bis zu ihrem Lebensende auf ihrer Burg Cachtice gefangen gehalten. Aussagen, sie sei in einem ihrer Turmzimmer eingemauert worden, sind nicht belegt.

Am 31. Juli 1614 machte Bathory ihr Testament, das eine gleichmäßige Aufteilung ihres Eigentums unter ihren Kindern vorsah und Paul als Stammhalter einsetzte. Am 18. August verhandelten Paul und Homonna um das Erbe. Elisabeth Bathory starb am 21. August nach vier Jahren Haft in ihrer Zelle und wurde am 25. November in der Kirche zu Cachtice beigesetzt. Am 13. August 1615 starb ihre Tochter Anna kinderlos und fiel als Erbin aus, so dass sich Paul und Homonna am 9. März 1616 auf die Aufteilung des Erbes einigten.

Die Prozessunterlagen schildern, dass Bathory viele junge Mädchen auf ihre Burgen gelockt habe, um sie dort auf vielfache Weise nackt zu Tode zu foltern. Laut den Prozessakten soll Thurzo sofort nach Betreten der Burg Cachtice die ersten Mädchenleichen gefunden haben. Bathory und ihre Diener(innen) haben laut den Aussagen folgende Foltermethoden praktiziert: Fesselung, Schläge und Auspeitschung bis zum Tode, Schnitte mit der Schere, Stiche mit Nadeln, Verbrennungen mit heißem Eisen und Wasser, Übergießen mit Wasser im Frost, brennendes Ölpapier zwischen den Zehen, Ohrfeigen und Messerstiche.

Dorothea sagte aus, von 36 getöteten Mädchen zu wissen. Eine andere Zeugin gab an, auf Schloss Sarvar seien ihres Wissens über 80 Mädchen getötet worden.

Die Auffassung von Bathorys Unschuld, erstmals vertreten von Laszlo Nagy 1984, sieht im Vorgehen gegen Bathory eine politische Intrige seitens des Hauses Habsburg. Habsburger und Bathorys waren schon seit langem verfeindet. Der Konflikt der beiden

Häuser begann 1571, als sich Stefan Bathory mit osmanischer Hilfe gegen den habsburgischen Kandidaten als Wojewode von Transsylvanien durchsetzte. Stefan setzte sich dann 1575 gegen Kaiser Maximilian II. als König von Polen durch. Die Habsburger waren katholisch und führten 1580 die Gegenreformation in Österreich ein. In Transsylvanien hingegen ließ der evangelische Woiwode Sigismund Bathory, ein Nachfolger von Stefan, 1588 die Jesuiten ausweisen und 1592 die Unitarier aus Polen immigrieren. 1597–1602 kam es zur Auseinandersetzung zwischen Sigismund Bathory und Rudolf II. um die Herrschaft über Transsylvanien, bei der der Habsburger sich durchsetzen konnte. Rudolfs Kommissar Georg Basta beschlagnahmte den Besitz diverser ungarischer Adliger und ging gegen die Evangelischen vor, sodass 1604 der Aufstand des Istvan Bocskay gegen ihn losbrach, der Transsylvanien wieder unabhängig von den Habsburgern werden ließ. 1608 konnte Gabriel Bathory Woiwode von Transsylvanien werden. Bei einem möglichen Feldzug von Gabriel Báthory gegen die mit König Matthias verbündete Walachei (oder wie schon 1605 quer durch Ungarn) hätte die evangelische Elisabeth Bathory ihrem Verwandten Bewaffnete aus ihren überall im Land verstreuten Burgen schicken können. Mit ihrer Festsetzung 1610 wurde diese Möglichkeit verhindert. Die Organisation eines Prozesses gegen sie mit zahlreichen gekauften Zeugen wäre, so die These, einfacher gewesen als die zahlreichen Kriegsaktivitäten der Habsburger gegen die Bathorys.

Gegen diese Hypothese spricht die Detailfülle und Art der Vorwürfe, wie sie sonst noch nie dagewesen waren. Die damaligen Intrigen und Verleumdungen der Adeligen bedurften in der Regel keiner besonderen Plausibilität oder

Einfallsreichtum. 1611 unternahm Melchior Khlesl, Kanzler des Matthias von Habsburg und aktiver Förderer der Gegenreformation, nach einem gescheiterten Mordversuch an Gabriel Bathory einen Feldzug gegen Transsylvanien. Nachdem 1613 Gabriel gestürzt und ermordet worden war, starb 1613 auch sein Amtsvorgänger Sigismund Bathory in Prag, so dass die Habsburger eine konkurrierende Dynastie erfolgreich ausgeschaltet hatten.

Nach dem Tod ihres Gatten Nadasdy war Bathory schutzlos. Georg Thurzo hatte schon vor ihr hochadelige Witwen kaltgestellt, um sie um ihren Besitz zu bringen, was Bathory in einem Brief an ihn erwähnte, in dem sie schrieb, sie werde nicht gleichermaßen ein leichtes Opfer sein. Bei der Behandlung von Dienerinnen niedrigen Standes durch Hochadelige war damals die Prügelstrafe allgemein üblich und wurde auch von

Georg Thurzo selbst ausgeübt. Die medizinischen Verfahren der Zeit, die von hochadeligen Frauen an ihren Dienerinnen praktiziert wurden, waren ähnlich weit entwickelt wie die damalige Rechtsprechung.

1729 behandelte der Jesuit Laszlo Turoczi in seinem vom Geist der Gegenreformation geprägten Werk Ungaria suis cum regibus compendio data die Verurteilung von Bathory vom Standpunkt des Gerichts aus und ergänzte sie um einige entscheidende, offenbar frei erfundene Details: Bathory habe beim Foltern eines Mädchens einige Blutspritzer abbekommen und auf der befleckten Stelle eine deutliche Verjüngung ihrer Haut verspürt. Sie habe sich daher entschlossen, systematisch junge Frauen zu töten und in deren Blut zu baden, um ihre eigene Haut jugendlich und attraktiv zu erhalten. Helena und Dorothea seien Hexen gewesen. Der Jesuit Turoczi gab zudem als Ursache für Bathorys Wahnsinn erstmals ihren Übertritt zum Luthertum an.

Turoczis ist die älteste Schrift über Báthory, die, abgesehen von den besagten Ergänzungen, auf den Originalakten basiert. Seine Behauptungen wurden von späteren Autoren wiederholt, z. B. 1742 von Matthias Bel, und oft noch weiter ausgeschmückt. Die Publikation der Prozessakten 1817 hatte keinen Abbruch der Legendenbildung zur Folge. Ein neues Erzählelement war z. B. eine Eiserne Jungfrau in Bathorys Folterkammer. Die reale Bathory geriet in Vergessenheit.

KASPAR HAUSER

Hauser tauchte am 26. Mai 1828 in Nürnberg als etwa 16-jähriger, geistig anscheinend zurückgebliebener und wenig redender Jugendlicher auf. Seine späteren Aussagen, er sei, solange er denken könne, bei Wasser und Brot immer ganz allein in einem dunklen Raum gefangen gehalten worden, erregten internationales Aufsehen. Bei buchstäblichem Verständnis sind Hausers Angaben mit den Kenntnissen der modernen Medizin nicht zu vereinbaren.

Ein zeitgenössisches Gerücht kolportierte, Hauser sei der 1812 geborene Erbprinz von Baden, den man gegen einen sterbenden Säugling getauscht und beiseitegeschafft habe, um einer Nebenlinie des badischen Fürstenhauses die Thronfolge zu ermöglichen. In der geschichtswissenschaftlichen Literatur gilt diese „Prinzenlegende" auf Grund später publizierter Dokumente und Augenzeugenberichte über den Tod des Prinzen als widerlegt. Eine wissenschaftlich publizierte Genanalyse aus dem Jahr 1996 zeigte, dass eine Hauser zugeschriebene Blutprobe nicht vom badischen Erbprinzen stammen kann. Eine weitere Genanalyse aus dem Jahr 2002 konnte wegen zahlreicher Widersprüche keinen Gegenbeweis erbringen.

Am 17. Oktober 1829 wurde Hauser mit einer ungefährlichen Schnittwunde aufgefunden, und am 14. Dezember 1833 kam er mit einer schließlich tödlichen Stichwunde nach Hause. In beiden Fällen behauptete er, Opfer eines Attentäters geworden zu sein. Seine Anhänger vermuteten ein politisch motiviertes Verbrechen. Nach kriminalwissenschaftlichen Untersuchungen handelte es sich jedoch um Selbstverletzungen, die er sich aus Enttäuschung über das nachlassende öffentliche Interesse an seiner Person beigebracht hatte.

Am Pfingstmontag, den 26. Mai 1828, traf der Schuhmachermeister Weickmann auf dem Unschlittplatz vor Haus Nummer 9–11 in Nürnberg einen etwa 16-jährigen Jungen an, der „He Bue" ausrief und beim Näherkommen „Neue Torstraße" sagte. Später erinnerte sich Weickmann an eine knappe Unterhaltung, bei der der Junge auf die Frage nach seinem Herkunftsort „Regensburg" gesagt habe. Er trug einen an den Rittmeister der 4. Eskadron des 6. Chevauxlegers-Regiments in Nürnberg (zu diesem Zeitpunkt Friedrich von Wessenig) adressierten Brief bei sich. Nachdem man ihm den Weg zu von Wessenigs Wohnung gezeigt hatte, sagte er zu diesem: „A söchtener Reuter möcht i wern, wie mein Voater gwen is" („Ein solcher Reiter möchte ich werden, wie mein Vater gewesen ist."). Von Wessenig ließ den Jungen nach einem kurzen Aufenthalt in seiner Wohnung zur Polizeiwache führen, wo dieser den Namen „Kaspar Hauser" aufschrieb und zeigte, dass er Geld kannte, Gebete sprechen und beschränkt lesen konnte. Er beantwortete nur wenige Fragen, und sein Wortschatz schien begrenzt zu sein.

Der an von Wessenig adressierte Brief trug die Kopfzeile „Von der Bäierischen Gränz daß Orte ist unbenant 1828". Sein anonymer Verfasser gab sich als armer Tagelöhner aus und teilte mit, das Kind sei ihm im Oktober 1812 „gelegt" worden. Er habe es aufgezogen und es lesen, schreiben und das Christentum gelehrt, jedoch seit 1812 keinen Schritt vor die Tür gelassen; nun wolle der Junge ein Reiter werden. In einem beiliegenden, angeblich von der Mutter stammenden Brief, dem sogenannten „Mägdleinzettel", wurde der Vorname Kasper genannt und als Geburtsdatum der „30. Aperil 1812" angegeben. Der Vater des Kindes, ein Chevauxleger vom 6. Regiment, sei tot. Aufgrund von Schriftvergleichen nahm man an, dass beide Briefe von derselben Person geschrieben wurden, der Mägdleinzettel anscheinend mit verstellter Handschrift.

Kaspar Hauser kam in das Gefängnis auf dem Luginsland unter die Obhut des

Gefängniswärters Andreas Hiltel. Er aß zunächst nur Brot und trank nur Wasser. Sein geistiger Zustand erregte das Interesse von Juristen, Theologen und Pädagogen, die zahlreiche Untersuchungen mit ihm durchführten und ihm Unterricht im Sprechen gaben. Seinen altbayerischen Dialekt behielt Hauser trotz der fränkischen Umgebung zeitlebens bei. Rasch wurde er eine öffentliche Attraktion: „Jedermann wurde zu ihm gelassen, der ihn zu besehen Lust hatte. Wirklich genoß Kaspar vom Morgen bis zum Abend kaum eines geringeren Zuspruchs als das Känguru und die zahme Hyäne in der berühmten Menagerie des Herrn van Aken", wie der Rechtsgelehrte Anselm von Feuerbach, selbst unter den Besuchern, anschaulich schilderte. Hausers Sinnesorgane wurden als überempfindlich, seine Muskeln als unterentwickelt beschrieben.

Zunächst wurde vermutet, so in einem Gutachten des Stadtgerichtsarztes Karl Preu vom 3. Juni 1828, dass Kaspar „wie ein halbwilder Mensch in Wäldern erzogen" worden sei. Nach vielen Gesprächen mit Hauser verfasste der Bürgermeister Jakob Friedrich Binder eine öffentliche Bekanntmachung (datiert vom 7. Juli 1828), in der er von einer anderen Vorgeschichte berichtete, die Kaspar dann später auch selbst – um einige Ergänzungen bereichert – schriftlich niederlegte. Nach dieser vielgeglaubten und vielbezweifelten Erzählung sei er, so lange er denken könne, immer ganz allein in halbliegender Stellung in einem fast lichtlosen Raum gefangen gehalten worden. Während des Schlafes habe man ihm Wasser und Brot gebracht, ihn gereinigt und in frische Wäsche gekleidet und seien ihm Haare und Nägel geschnitten worden – die Tiefe des Schlafzustandes wurde durch die Vermutung erklärt, dass man ihm Opium gereicht habe. Seine Notdurft habe er in ein Gefäß verrichtet, das in einer Vertiefung des Bodens stand und ebenfalls nächtens geleert wurde. Erst kurz vor seiner Freilassung sei ein Mann, dessen Gesicht er nie gesehen habe, bei ihm erschienen. Dieser habe ihn durch Führen der Hand im Schreiben unterrichtet und ihn dann bis kurz vor Nürnberg gebracht. Erst auf diesem Marsch habe er das Stehen und Gehen gelernt. Den Satz, er wolle ein Reiter wie sein Vater werden, habe er von dem unbekannten Mann durch wiederholtes Nachsprechen erlernt, ohne den Sinn der Worte zu erfassen.

Am 18. Juli 1828 wurde Hauser zur Pflege und Erziehung bei dem wegen Kränklichkeit beurlaubten Gymnasialprofessor und späteren Religionsphilosophen Georg Friedrich Daumer untergebracht, der ihm in der Folgezeit Unterricht in zahlreichen Fächern erteilte. Hierbei zeigte sich, dass

Hauser über eine beachtliche handwerkliche und künstlerisch-zeichnerische Begabung verfügte. Daumer, ein belesener Gelehrter mit einem selbst für seine Zeit ungewöhnlich starken Hang zum Spekulativen, führte mit Hauser auch zahlreiche homöopathische und magnetische Experimente durch. Er schrieb ihm besondere Eigenschaften und Sensitivitäten zu, etwa die Fähigkeit, ohne hinzusehen Armbewegungen Daumers aus einer Entfernung von 125 Schritten als ein „Anblasen" zu fühlen.

Am 17. Oktober 1829 zur Mittagszeit wurde Hauser im Keller der Wohnung Daumers mit einer stark blutenden Schnittwunde an der Stirn aufgefunden. Er gab an, auf dem Abtritt von einem maskierten Mann überfallen worden zu sein, der ihm die Wunde mit einem scharfen Instrument beigebracht und ihm gedroht habe: „Du musst doch noch sterben, ehe du aus der Stadt Nürnberg kommst". Hauser gab an, den Maskierten an der Stimme als denjenigen erkannt zu haben, der ihn nach Nürnberg geführt habe. Wie Blutspuren zeigten, war Kaspar zunächst in die erste Etage, in der sich sein Zimmer befand, geflüchtet – dann jedoch nicht weiter in Richtung der oberen Räume, wo sich, wie er wusste, andere Leute aufhielten, sondern wieder hinunter und durch eine Falltür in den Keller. Trotz polizeilicher Ermittlungen und des Aussetzens einer hohen Belohnung konnte der Vorfall nicht aufgeklärt werden. Aus Sicherheitsgründen wurde Hauser danach bei der Familie des Magistratsrates Biberbach untergebracht, dauernd bewacht von zwei Polizeibeamten. Das angebliche Attentat belebte das öffentliche Interesse an Kaspar Hauser und gab Gerüchten über dessen mögliche Herkunft aus dem Hochadel neue Nahrung. Es wurden aber auch

Betrugsvorwürfe geäußert, literarisch zuerst bei Johann Friedrich Karl Merker: Caspar Hauser, nicht unwahrscheinlich ein Betrüger. (Berlin 1830).

Am 3. April 1830 fiel in Hausers Zimmer im Hause Biberbach ein Pistolenschuss. Seine beiden sich im Vorzimmer aufhaltenden Bewacher fanden Hauser bewusstlos und am Kopf blutend auf dem Boden liegen. Hauser gab später an, dass er auf einen Stuhl gestiegen sei, um an ein Buch zu kommen. Als dieser umfiel, habe er sich an einer an der Wand hängenden Pistole festzuhalten versucht und so den Schuss versehentlich ausgelöst. Die Wunde auf der rechten Kopfseite stellte sich als ungefährlich heraus; es ist zweifelhaft, ob sie durch den Schuss verursacht wurde. Der Vorfall veranlasste die örtlichen Behörden, sich erneut mit Kaspar Hauser zu befassen. Da dessen anfangs gutes Verhältnis zur Familie Biberbach mittlerweile getrübt war, brachte man ihn für eineinhalb Jahre bei seinem Vormund Gottlieb von Tucher unter. Dort wurde er strenger gehalten, insbesondere wurde der Andrang neugieriger Besucher eingeschränkt. Hauser wohnte überdies auch, wie im Jahr 2013 durch den Leiter des Stadtarchivs Nürnberg, Michael Diefenbacher, bekanntgemacht wurde, zeitweilig bei des Vormunds Mutter, Susanna Maria Tucher Freifrau von Simmelsdorf, geb. Haller Freiin von Hallerstein (1769–1832), der gemeinsamen Schwiegermutter des Philosophen Hegel und einer Urgroßnichte des pietistischen Prälaten Friedrich Christoph Oetinger (1702–1782), Maria Helena Wilhelmina Tucher Freifrau von Simmelsdorf, geb. Haller Freiin von Hallerstein (1804–1834).

Trotz der Abschottung durch den Vormund gelang es dem englischen Dauerreisenden Philip Henry Earl Stanhope, den überall das

Außerordentliche anzog, Hausers Bekanntschaft zu machen. Der Lord, den eine starke Zuneigung zu Kaspar erfasste, bemühte sich um die Pflegschaft Hausers. Nachdem er diese im Dezember 1831 erhalten hatte, brachte er ihn in Ansbach im Haushalt des Lehrers Johann Georg Meyer unter. Hiermit folgte er einem Vorschlag des Gerichtspräsidenten Anselm von Feuerbach, der die Fürsorge für das moralische und physische Wohl Kaspars während der Abwesenheit Stanhopes übernahm; der Gendarmerieunterleutnant Josef Hickel wurde zum „Spezialkurator" bestellt. Er besaß das Vertrauen Feuerbachs und hatte Zugriff auf die Untersuchungsakten. Stanhope wandte hohe Geldsummen auf, um Hausers Herkunft zu klären. So finanzierte er zwei Ungarnreisen, weil Laute dort gesprochener Sprachen bei Hauser Erinnerungen zu wecken schienen. Später erklärte der Lord, die

Ergebnislosigkeit dieser Reisen habe bei ihm erste Zweifel an der Echtheit der Geschichte Hausers geweckt. Im Januar 1832 verließ Stanhope Ansbach und erschien nie wieder. Zwar kam er weiterhin für Kaspars Unterhalt auf, doch aus einer Umsiedlung nach England, die er seinem Schützling in Aussicht gestellt hatte, wurde nichts. Nach Hausers Tod rückte Stanhope endgültig von ihm ab. In seinen Materialien zur Geschichte Kaspar Hausers (Heidelberg 1835) trug er alles ihm bekannte Belastungsmaterial gegen Hauser zusammen, denn er halte es für seine Pflicht, „öffentlich zu gestehen, daß ich getäuscht wurde". Der Spezialkurator Hickel bescheinigte dem Lord in einem amtlichen Bericht: „Er liebt die Wahrheit und haßt den Lügner auf immer".

In Ansbach verkehrte Kaspar Hauser in den besten Gesellschaftskreisen. Er besaß ein gewinnendes Wesen und war als leidenschaftlicher Tänzer beliebt; eine engere Beziehung zu einer Frau hatte er aber nie. Gespannt war Hausers Verhältnis zu Lehrer Meyer, einem pedantisch-strengen Charakter, dem er später auf dem Sterbebett dennoch seinen „sehr großen Dank" aussprach. Nach Meyers Meinung war Hauser für Berufe, die eine höhere geistige Ausbildung erfordert hätten, ungeeignet. Von Feuerbach brachte ihn daher Ende des Jahres 1832 bei seinem Gericht als Schreiber und Kopist unter. Seelsorgerisch betreut wurde Hauser vom Pfarrer Fuhrmann, der ihn auch am 20. Mai 1833 in der Gumbertuskirche in Ansbach konfirmierte. Wenige Tage später, am 29. Mai 1833, verstarb Anselm von Feuerbach, ein für Kaspar schmerzlicher Verlust.

Am 14. Dezember 1833 erlitt Hauser eine lebensgefährliche Stichverletzung. Er gab an, ein Unbekannter habe ihn im Namen des Hofgärtners zur Besichtigung des artesischen Brunnens im Ansbacher Hofgarten eingeladen. Dort habe er jedoch niemanden angetroffen. Daraufhin sei er in Richtung des Uz-Denkmals gegangen; hier habe ihn ein bärtiger Mann angesprochen, ihm einen Beutel überreicht und, als er danach griff, zugestochen.

Kaspar Hauser starb am 17. Dezember 1833 gegen 22 Uhr an den Folgen der Stichwunde. Die an der gerichtsmedizinischen Untersuchung beteiligten Ärzte waren sich nicht einig, ob die Wunde durch Selbstverletzung oder durch Fremdeinwirkung verursacht worden war. König Ludwig I. setzte die damals außergewöhnlich hohe Summe von 10.000 Gulden als Belohnung für die Ergreifung eines etwaigen Täters aus, allerdings ohne Ergebnis. Das Kreis- und Stadtgericht Ansbach vertrat nach Abschluss der Untersuchungen am 11. September 1834 die Ansicht, man könne sich „des begründeten Zweifels nicht erwehren, ob ein Mord von fremder Hand an Hauser verübt, ob überhaupt ein Verbrechen an ihm begangen wurde". Polizeirat Merker entschied sich in einer weiteren Schrift für „Selbstverwundung ohne Tötungsabsicht". Kaspar selbst äußerte auf dem Sterbebett gegenüber Pfarrer Fuhrmann: „Warum sollte ich Zorn oder Hass oder Groll auf die Menschen haben, man hat mir ja nichts getan."

Kaspar Hauser wurde am 20. Dezember 1833 unter starker Anteilnahme der Bevölkerung auf dem Ansbacher Stadtfriedhof beigesetzt.

Nach dem vermeintlichen Attentat auf Kaspar Hauser im Oktober 1829 kursierten in Bayern erste, noch vage Verdächtigungen, aus denen später das weltläufig gewordene Gerücht entstand, dem zufolge Hauser der am 29. September 1812 geborene Erbprinz von Baden sei, den man in der Wiege mit einem sterbenden Kind vertauscht habe.

Als Täterin oder Initiatorin gilt hierbei die Gräfin Luise Karoline von Hochberg, die zweite (morganatische) Ehefrau des fast vierzig Jahre älteren, im Juni 1811 verstorbenen Großherzogs Karl Friedrich von Baden. Die 1796 zur Reichsgräfin erhobene Hochberg, ursprünglich eine lediglich kleinadelige Hofdame, habe durch die Vertauschung des Erbprinzen ihren eigenen Nachkommen zur Thronfolge verhelfen wollen. Nach Hausers Tod wurde dann behauptet, er sei wegen seines Prinzentums ermordet worden.

Der angeblich vertauschte, nach amtlicher Version am 16. Oktober 1812 namenlos verstorbene Prinz war der erstgeborene Sohn des Großherzogs Karl und seiner Gemahlin Stéphanie, einer Adoptivtochter Napoleons. Karl hatte den Thron unmittelbar von seinem Großvater Karl Friedrich geerbt, da sein Vater Karl Ludwig, der älteste Sohn aus Karl Friedrichs erster Ehe, schon vor diesem gestorben war. Für den Fall des Aussterbens des aus seiner ersten (standesgemäßen) Ehe hervorgegangenen Mannesstammes hatte Karl Friedrich die Thronfolge seiner Söhne aus zweiter Ehe vorgesehen — eine Regelung, die sein Enkel Karl in einem Haus- und Familienstatut vom 4. Oktober 1817 ausdrücklich bekräftigte und die im folgenden Jahr Bestandteil der badischen Verfassung wurde. Die Sukzessionsfähigkeit der ursprünglich unebenbürtigen und nun zu Prinzen und Markgrafen erhobenen Hochberger war zweifelhaft gewesen, wurde aber 1818 im sogenannten Aachener Protokoll von den europäischen Großmächten anerkannt, während die Ansprüche Bayerns auf die rechtsrheinische Pfalz für „null und nichtig" erklärt wurden. Nach Karls frühem Tod im Dezember 1818 erbte sein Onkel Ludwig die Großherzogswürde, weil auch Karls 1816 geborener zweiter Sohn, der Erbprinz Alexander, als Säugling verstorben war.

Markgraf Friedrich, ein älterer Bruder Ludwigs, war bereits im Mai 1817 verstorben; seine Ehe war kinderlos geblieben. Ludwig blieb unverheiratet und verstarb im März 1830 als letzter Markgraf aus der Zähringer-Linie, was seinem Halbbruder Leopold als erstem Vertreter der bis 1918 regierenden Hochberg-Linie die Thronfolge eröffnete. Die Häufung von Todesfällen in der älteren Linie gab Anlass zu allerlei unbewiesenen Gerüchten über angebliche am badischen Hof verübte Verbrechen.

Die Großherzogin hatte ihren ersten Sohn nicht tot gesehen, da sie von der schweren Geburt gesundheitlich angeschlagen war. Ihr späteres Schweigen sowie einige umstrittene Äußerungen ihrer jüngsten Tochter Marie Hamilton, die Kaspar Hauser für ihren Bruder gehalten haben soll, trugen zur Verbreitung des Gerüchtes bei.

Fachwissenschaftlichen Arbeiten zufolge kann die unterstellte Kindesvertauschung aufgrund der heute (seit spätestens 1951) bekannten Quellen ausgeschlossen werden, wenn nicht schon das Buch des Oberstaatsanwalts Otto Mittelstädt (Kaspar Hauser und sein badisches Prinzenthum. Heidelberg 1876) als definitive Widerlegung anerkannt wird. Mittelstädts Argumentation, die sich auf die offiziellen Urkunden über die Nottaufe, die Leichenöffnung und die Beisetzung des Prinzen stützte, ist durch spätere Quellenfunde, namentlich die Briefe der Markgräfin Amalie, der Mutter des Großherzogs Karl, erhärtet worden. Die Markgräfin − selbst siebenfache Mutter und, nach Aussage des damaligen preußischen Gesandten am badischen Hof, eine „karakterfeste, starksinnige" Frau − beschrieb den neugeborenen Prinzen in einem Brief vom 1. Oktober 1812: „Wenn man ihn aber betrachtet, so staunt man nicht, daß er soviel Mühe verursacht hat, um zur Welt zu kommen. Er ist nämlich an Größe und Dicke enorm. Wahrhaftig, ich habe wenige Kinder dieses Ausmaßes gesehen. Er ist ganz badischer Schlag." Amalie war bei der Geburt selbst zugegen gewesen und war auch in der Folgezeit immer wieder bei ihrem Enkel. Besondere Freude mache ihr, schrieb sie in einem Brief vom 11. Oktober, dass das Kind sie so sehr an seinen Vater im gleichen Alter erinnere. In zwei Briefen vom 19. und vom 27. Oktober berichtete sie dann von der Krankheit des Prinzen, deren Gefährlichkeit sich erst im Laufe des Sterbetages gezeigt hatte. Um vier Uhr nachmittags habe sie von ihrem Sohn erfahren, das Kind habe einen „Steckfluss" (erstickende Atemnot) und werde sterben; sie habe sich sofort hinbegeben und sei bis nach dem Tod des Prinzen bei diesem geblieben. In dem Brief vom 27. Oktober heißt es:

„Der arme Kleine hatte einen sehr langen Todeskampf. ... Herr von Edelsheim, der sich mit mehreren Herren und Damen im Nebenzimmer befand, kam einen Augenblick herein, um das Kind anzusehen, und hörte dieses Seufzen. Es machte ihm einen so schauderhaften Eindruck, daß er sofort wieder hinausging. Die letzte halbe Stunde war ruhig. Er schien einzuschlafen. Augen und Mund schlossen sich ohne Beihilfe. Dann sah er wundervoll aus. Die Züge schienen mehr ausgebildet und er hatte noch keine Totenblässe. Alle, die ihn so sahen, bewunderten ihn. Am nächsten Morgen war er nicht mehr so schön.“

Kolb (ein Anhänger der Prinzentheorie) hat 1883 ausgeführt, der Mutter hätte ein anderes Kind nicht leicht untergeschoben werden können; wäre sie gegenwärtig gewesen, müßten die Zweifel verstummen. Das gilt nach den dargelegten Umständen auch für die

Großmutter; die aber war anwesend gewesen. Die Hebamme Horst, die die Nottaufe vornahm, hätte eine Vertauschung ebenfalls bemerken müssen, da sie, von der Mutter ausschließlich mit der Pflege des Erbprinzen betraut, fast ständig in dessen Nähe gewesen war.

Die Hochberger hatten auch kein Motiv für einen Mord an Kaspar Hauser. Leopold hatte den Thron mit Zustimmung aller Großmächte bestiegen, während es um Hauser immer stiller geworden war. Dieser hat im Übrigen niemals Ansprüche auf den badischen Thron erhoben, und er hätte sie allein auch keinesfalls durchsetzen können. Wenn der Erbprinz 1812 tatsächlich vertauscht worden wäre, so hätte es aus badischer Sicht allenfalls Sinn gehabt, eventuell noch lebende Mitwisser zu beseitigen, statt einen Mord zu begehen, der in ganz Europa Aufsehen erregen würde.

Nach Hausers Tod verbreitete sich die Nachricht seiner angeblichen Ermordung wie ein Lauffeuer, und demokratisch gesinnte Pamphletisten wussten die Sache rasch für den politischen Kampf gegen das Haus Baden zu nutzen. In diesem Zusammenhang ist auch die Denunziation des unter Großherzog Ludwig sehr einflussreich gewesenen badischen Diplomaten Heinrich von Hennenhofer zu sehen, den der Oppositionelle Joseph Heinrich Garnier in seiner Broschüre Einige Beiträge zur Geschichte Caspar Hausers (Straßburg 1834) als angeblichen Mörder Hausers nannte. „Hennenhofer war den Liberalen des Vormärz als Günstling und absolut ergebener Diener des Autokraten Ludwig verhaßt. Indem man ihm diesen Mord anheftete, diskreditierte man auch das verhaßte politische System.“

Aus ganz anderen Gründen hatte auch das Königreich Bayern ein Interesse an der Verbreitung der gegen Baden gerichteten Verdächtigungen. Bayern bemühte sich nämlich seit langem, die 1803 an Baden verlorene rechtsrheinische Pfalz zurückzugewinnen, konnte sich jedoch mit seinen Territorialansprüchen nicht gegen die Großmächte durchsetzen. Nach seiner Thronbesteigung im Jahre 1825 versuchte König Ludwig I. diese Ansprüche wieder geltend zu machen „und zwar mit einer Beharrlichkeit, die nicht nur die eigenen Minister, sondern auch die deutschen und europäischen Kabinette in Atem halten sollte." Nachdem sogar eine militärische Intervention erwogen worden war, kam es zuletzt auf diplomatischer und publizistischer Ebene zum Schlagabtausch mit juristischen Argumenten. Dabei griff die bayerische Regierung zum Mittel des Archivaliendiebstahls, der jedoch aufgedeckt wurde und zu für Bayern peinlichen Enthüllungen führte. Dennoch ordnete im Oktober 1827 Ludwig I. an, dass einige erfolgreich entwendete Dokumente nicht an Baden zurückgegeben werden sollten.

Ob der umfangreiche amtliche Bericht („den sogenannten Kaspar Hauser betreffend") des Gerichtspräsidenten Anselm von Feuerbach vom 8. April 1830 an das Justizministerium des Königs Ludwig I. überhaupt zur Kenntnis genommen wurde, ist ungewiss. Darin hatte Feuerbach beiläufig die, wie er vorsichtig schrieb, „romantische Sage" des badischen Prinzentums Kaspars erwähnt. Tatsächlich scheint Ludwig I. aber erst unmittelbar nach dem Tode Kaspar Hausers über die Vermutungen unterrichtet worden zu sein, und zwar von seiner Stiefmutter, Königin Karoline, die von Feuerbach über die Prinzentheorie in Kenntnis gesetzt worden war.

Ludwig I. war von der Ermordung Hausers überzeugt und reagierte ungehalten auf die These der Selbstverwundung: „Der Name dessen, welcher in Ansbach (oder Nürnberg) hatte einrücken lassen, Kaspar Hauser habe sich selbst die Wunde beigebracht, ist zu erforschen, überhaupt allem, was sich auf K.H. bezieht und auf das Verbrechen, ist unausgesetzt eifrig nachzuspüren ...." Am 29. Dezember 1833 setzte er eine Prämie von zehntausend Gulden „auf die Entdeckung des Täters" fest. Scharf rügte er die polizeilichen und behördlichen Maßnahmen in Ansbach. Es ist daher wahrscheinlich, dass das Ansbacher Gericht, statt ausdrücklich auf Selbstverwundung zu erkennen, seine Zweifel an der Mordthese mit Rücksicht auf die Münchener Regierung so vorsichtig formuliert hat;in einem Entwurf seines Abschlussberichtes hatte es jedenfalls etwas deutlicher geheißen, man könne sich „des Verdachtes nicht erwehren, daß ein Mord von fremder Hand an Hauser nicht verübt, daß ein Verbrechen nicht begangen wurde".

HUGH GLASS

Seine Lebensgeschichte ist vielfach überliefert und von Legenden umrankt. Bekanntheit erlangte Glass vor allem durch das Überleben eines Grizzlybärenangriffs in den Rocky Mountains. Die damaligen Ereignisse wurden noch zu Glass' Lebzeiten in unterschiedlichen Varianten berichtet und veröffentlicht, teils mit rein spekulativen Inhalten. Posthum gedieh die Mythenbildung mit neuen Publikationen zu Glass' Leben weiter; zuverlässige Quellen existieren kaum. Über Glass' frühe Lebensjahre ist relativ wenig bekannt. Er wurde höchstwahrscheinlich um das Jahr 1783 in Philadelphia geboren. Eventuell fuhr er in jungen Jahren als Pirat zur See, bevor er im „Wilden Westen" jenseits der „Frontier" als Scout und Trapper arbeitete. Dort hatte er bereits mehrere Jahre gelebt, bevor er 1823 einer Expedition der von William Henry Ashley und Andrew Henry gegründeten Rocky Mountain Fur Company beitrat. Glass sollte mit einer kleinen Gruppe, die von Andrew Henry angeführt wurde, entlang des Missouri River und des Grand River zum Tal des Yellowstone River reisen. Nahe dem Grand River, im Gebiet des heutigen Perkins County (South Dakota), wurde Glass von einem Bären angegriffen und schwer verletzt. Wie es mehrfach überliefert ist, nahmen seine Begleiter an, dass er bald sterben werde, und beschlossen weiterzuziehen, während zwei Männer abgestellt wurden, bis zu seinem Tod bei ihm zu bleiben und ihn schließlich zu begraben. Vermutlich handelte es sich bei den beiden um John Fitzgerald und Jim Bridger. Fest steht, dass Glass einige Tage später allein zurückgelassen wurde, obwohl er noch lebte. Mehrere Quellen schreiben, er habe weder eine Waffe noch Versorgung bei sich gehabt. Trotz der widrigen Umstände gelang es Glass, nach Fort Kiowa, dem nächsten bewohnten Ort, zu kommen und sich so zu retten. Für die etwa 200 Meilen (320 km) lange Strecke benötigte er laut Schätzungen sechs Wochen. Zu dem Bärenangriff und Glass' Verletzungen sowie zu dem Verhalten seiner Begleiter und den Umständen seines Überlebenskampfes gibt es zahlreiche Erzählvarianten und spekulative Details bis hin zu angeblichen Aktionen von Rache und Gnade gegenüber den beiden Trappern, die ihn zurückgelassen haben.

Glass kehrte später ins Gebiet des oberen Missouri River zurück. Er arbeitete als Jäger in Fort Union. Glass starb um das Jahr 1833 bei einem Kampf mit Arikaree-Indianern.

Bei einem Erkundungsgang traf Glass auf eine Grizzlybärin mit zwei Jungtieren. Das Muttertier griff Glass an, bevor er sein Gewehr abfeuern konnte. Dennoch gelang es ihm, das Tier stattdessen mit einem Messer zu töten. Seine Begleiter hatten unterdessen seine Hilfeschreie gehört und fanden Glass schwer verletzt unter dem toten Tier. Sie behandelten seine Verletzungen, rechneten aber mit seinem baldigen Tod. Da die Gruppe jedoch schnell weiterziehen wollte, um den Zeitplan einzuhalten, blieben John Fitzgerald und der junge Jim Bridger mit Glass zurück. Sie hoben ein Grab für Glass aus und warteten auf seinen Tod. Laut eigenen Aussagen bemerkten sie nach drei Tagen eine Gruppe von Indianern, die sich ihrem Lager näherte. In Panik warfen sie den bewusstlosen Glass in das vorbereitete Grab, bedeckten ihn mit einem Bärenfell und ein wenig Erde, nahmen dann seine Waffen und Ausrüstung und flüchteten vor den Indianern. Andere Berichte gehen eher davon aus, dass beide Männer kein weiteres Risiko eingehen wollten und deshalb einfach weiterzogen.

Glass war jedoch nicht tot. Nach einiger Zeit erwachte er und stellte zu seinem Erschrecken fest, dass seine Kameraden ihn mit einem gebrochenen Bein und zahlreichen weiteren Wunden ohne Waffen mitten im Indianergebiet zurückgelassen hatten. Seine einzige Ausrüstung war das Bärenfell, mit dem ihn Fitzgerald und Bridger bedeckt hatten. Bis nach Fort Kiowa, dem nächsten bewohnten Ort, waren es über 300 Kilometer. Am 9. September 1823 schiente er sein gebrochenes Bein und bewegte sich kriechend nach Süden in Richtung des etwa 150 Kilometer entfernt liegenden Cheyenne River. Seine Infektionen verschlimmerten sich, und gelegentlich verlor er das Bewusstsein. Glass berichtete später, dass er einmal erwachte und einen Grizzlybären direkt neben sich bemerkte, der seine mit Maden befallenen Wunden leckte, ihn ansonsten aber in Ruhe ließ. Während seiner zwei Monate dauernden „Reise" zum Cheyenne River ernährte er sich nur von wilden Beeren und Wurzeln. Einmal konnte er zwei Wölfe von einem toten Bison vertreiben, so dass er etwas von dem rohen Fleisch verzehren konnte.

Am Fluss angekommen, baute er aus einem umgestürzten Baum ein improvisiertes Floß und ließ sich mit ihm flussabwärts zum Missouri River und dort bis Fort Kiowa treiben. Unterwegs begegnete er Indianern, die ihm aus einem Bärenfell einen Schutz für seinen verwundeten Rücken nähten. Schließlich erreichte er das Fort, wo er einige Monate bis zu seiner vollständigen Genesung verbrachte.

Von Rache getrieben, begab er sich dann auf die Suche nach Bridger und Fitzgerald, um beide zu töten. Bridger fand er schließlich bei einem Pelzhändler-Lager am Yellowstone River. Er tötete ihn jedoch nicht, da Bridger mit 19 Jahren noch sehr jung war. Später fand er auch Fitzgerald, der mittlerweile

der Armee beigetreten war und den er
daher auch unbehelligt ließ.

BESTIE VON GEVAUDAN

Bestie des Gevaudan ist die
Bezeichnung für ein Raubtier, dessen
Angriffen in den Jahren 1764 bis 1767 im
Gevaudan (Südfrankreich) und in
angrenzenden Gebieten etwa 100
Kinder, Jugendliche und Frauen zum
Opfer fielen. Das Gevaudan war eine
dünn besiedelte historische Provinz im
Zentralmassiv; seine Grenzen
entsprachen weitgehend denen des
heutigen Departements Lozere. Einige
Historiker gehen davon aus, dass
mehrere Tiere an den Angriffen beteiligt
waren.

In den Überlieferungen der Ereignisse
mischen sich nachweisbare Tatsachen
mit Mythen. Als Quellen existieren
folgende zeitgenössische Dokumente:
die Pfarrregister aller betroffenen
Pfarreien, in denen die Namen von

Opfern verzeichnet sind, der Briefverkehr zwischen den Polizeiverantwortlichen der Auvergne in Clermont und des Languedoc in Montpellier mit ihren örtlichen Vertretern im Gevaudan, zahlreiche Berichte über die vom König befohlenen Treibjagden, zeitgenössische Zeitungsartikel und Zeichnungen.

Die Zahl der bekannten Todesfälle variiert je nach Quelle von 78 bis 99, die der Verletzten von 50 bis 80. Das jüngste Opfer war drei Jahre alt, das älteste wahrscheinlich 68 Jahre. Etwa jedes vierte Todesopfer war älter als 16 Jahre; in dieser Altersgruppe wurden ausschließlich Frauen getötet. Der erste behördlich registrierte Angriff fand am 30. Juni 1764 statt: Die Leiche der 14-jährigen Hirtin Jeanne Boulet aus der Pfarrei Saint-Etienne-de-Lugdares im Haut-Vivarais, jenseits der Grenze des Gevaudan, wurde am folgenden Tag zerfleischt aufgefunden. Sehr wahrscheinlich lässt sich jedoch bereits ein nicht genau zu datierender Angriff auf eine Hirtin im Frühjahr 1764 in Saint-Flour-de-Mercoire, im Osten des Gevaudan, der Bestie zuordnen.

Die meisten Opfer wurden auf Viehweiden oder Feldern überfallen, andere vor ihren Häusern, in Gärten, auf Straßen, in einer Schlucht, auf einer Flussinsel oder im bewaldeten Land. Manche Angriffe der Bestie ereigneten sich in schneller Folge im selben Gebiet. Andererseits wechselte die Bestie ihre Angriffsorte häufig über Distanzen von mehreren Kilometern beziehungsweise verlagerte ihre Aktivität in ein neues Angriffsgebiet. Viele Opfer wurden verschleppt, einige lebend. Manche der Angegriffenen erlitten neben Bisswunden Verletzungen durch Krallen. 15 Opfer wurden enthauptet, einige Köpfe wurden verschleppt.

Etlichen Angegriffenen gelang es, verletzt oder unverletzt zu entkommen.

Häufig eilten Helfer herbei, oft bewaffnet mit Lanzen oder landwirtschaftlichem Gerät und vertrieben die Bestie. In manchen Fällen verteidigten Kinder oder Jugendliche, stets unter Einsatz ihres Lebens, angegriffene Geschwister oder Kameraden. Berühmt wurde der zwölfjährige Jacques André Portefaix, der am 12. Januar 1765 gemeinsam mit sechs weiteren Kindern im Bergland der Margeride attackiert wurde. Die Bestie griff aus dieser Gruppe kleiner Hirten, die Lanzen mit Metallklingen trugen, den achtjährigen Jean Veyrier an und verschleppte ihn in ein Sumpfgebiet. Jacques setzte sich gegenüber seinen Kameraden mit seiner Aufforderung durch, Jean nicht im Stich zu lassen, und er nahm als erster die Verfolgung der Bestie auf. Die Bestie war im Sumpf in ihrer Bewegungsfreiheit beeinträchtigt, sie hielt Jean mit einer Pranke fest. Während die Kinder mit ihren Lanzen auf die Bestie einstachen, konnte Jean mit einer Armverletzung entkommen.

Wegen der heldenhaften Verteidigung ihrer Kinder bei einem Angriff am 13. März 1765 im Hügelland der Gemeinde Saint-Alban wurde die etwa 35-jährige Jeanne Jouve in ganz Frankreich geehrt. Jeanne kämpfte in ihrem Garten gegen die Bestie, die abwechselnd ihren sechsjährigen Sohn und ihre zehnjährige Tochter mit den Zähnen gepackt hielt. Es gelang Jeanne immer wieder, der Bestie die Kinder zu entreißen. Jeanne versuchte, die Bestie an der Flucht mit ihrem Sohn zu hindern, unter anderem, indem sie wiederholt auf den Rücken der Bestie sprang, jedoch immer wieder abgeschüttelt wurde. Schließlich entkam die Bestie mit dem Kind über eine Mauer. Jeannes 13-jähriger Sohn wurde auf das Drama aufmerksam und verfolgte die Bestie mit dem Hütehund der Familie. Als der Hund die Bestie attackierte, ließ sie das schwerstverletzte Kind los; es starb sechs Tage später. Sowohl Jacques Portefaix und seine Kameraden, als auch Jeanne Jouve wurden von König Ludwig XV. für ihre Tapferkeit ausgezeichnet und erhielten eine Geldprämie.

Über Größe, Aussehen und Verhalten der Bestie ist eine Fülle von Details überliefert. Die Größe des Tieres wurde oft mit der eines einjährigen Rindes verglichen; ein Trittsiegel war 16,2 Zentimeter lang. Der Körper der Bestie war vorn massiger als hinten, ihre Kopfoberseite war flach. Das Tier hatte oberseits rötliches, unterseits weißliches Fell, an den Flanken Flecken und entlang der Wirbelsäule einen dunklen Streifen. Das Fell am Vorderkörper war lang, die Bestie trug an Hinterkopf und Nacken einen Haarschopf, das Schwanzende war auffallend dick.

Die enorme Kraft der Bestie ist unter anderem dadurch belegt, dass sie auch erwachsene Menschen verschleppte;

außerdem wurde anhand von Trittsiegeln ein Sprung von neun Meter Weite rekonstruiert. Die Bestie jagte in einer Region, deren wasserundurchlässiger Untergrund durch Gesteine vulkanischen Ursprungs geprägt ist. Auf dieser geologischen Basis entwickelte sich im Gevaudan eine vielfältige Landschaft mit einem Mosaik aus Hügeln, Vulkankegeln, Grasland, Wäldern, Gewässern, Sümpfen und Felsformationen, die der Bestie vielerorts Deckung bot und ihre Verfolgung erschwerte. Die Bestie hielt sich dort vorrangig in offener Landschaft auf, wo sie Opfern auflauerte und sich beispielsweise an den Boden gedrückt an sie heranschlich. Als Tötungsstrategie ist das Erdrosseln von Opfern belegt. Die Bestie verschlang in einigen Fällen innerhalb weniger Minuten große Teile des Körpers eines menschlichen Opfers; in zwei Fällen hatte sie die einige Tage nach dem Angriff gefundenen Schädel ihrer Opfer vollständig von weichen

Geweben gereinigt. Die Rufe der Bestie wurden unter anderem als fürchterliches Bellen beschrieben.

Wegen eines Aufstands hatte der König alle Schuss- sowie lange Hieb- und Stichwaffen einziehen lassen. Die Bauern im Gévaudan waren deshalb zu ihrem Schutz zunächst vor allem auf ihre selbstgefertigten Lanzen sowie auf Messer, Äxte und Forken angewiesen. Im September 1764 erhielten die Bewohner des Kantons Langogne jedoch die zeitlich befristete Erlaubnis, Feuerwaffen zu tragen, um sich an der Jagd auf die Bestie beteiligen zu können. Im selben Monat ließ König Ludwig XV. eine 57-köpfige Dragonereinheit unter dem Befehl von Capitaine Duhamel in der Region mit dem Auftrag stationieren, die Bestie aufzustöbern und zu töten.

Vor allem drei Gruppen beteiligten sich an den Jagden: Von September 1764 bis April 1765 war Capitaine Duhamel mit seinen Dragonern in Saint-Chely-d'Apcher stationiert. Im Februar 1765 erreichten die berühmten normannischen Wolfsjäger d'Enneval, Vater und Sohn, Malzieu; d'Enneval senior brüstete sich damit, über 1200 Wölfe getötet zu haben. Seine sechs besten zur Wolfsjagd abgerichteten Hunde wurden ihm per Kutsche nachgeschickt. Ab Juni 1765 logierte François Antoine, der königliche Armbrustträger und Zweite Jäger des Königs, im Schloss Besset. Antoine wurde von 14 Schützen begleitet und führte fünf Jagdhunde mit sich.

Bei der größten Treibjagd im Februar 1765 waren über 20.000 Jäger, Soldaten und Treiber beteiligt. Die Bestie wurde aufgestöbert, entkam jedoch, indem sie den Fluss Truyere überquerte. Die Bestie mied als Giftköder ausgelegte Kadaver, doch starben zahlreiche andere Tiere wie Wölfe und Hirtenhunde.

Schließlich wurden über 9.000 Livres für die Ergreifung der Bestie ausgesetzt. Der König steuerte 6.000 davon bei, der Bischof 1.000. Die Belohnung war für die damalige Zeit beträchtlich, sie entsprach etwa dem Wert von 100 Pferden.

Im Gevaudan wurden in den Jahren 1764 bis 1767 zahlreiche Wölfe getötet; mindestens fünf davon standen im Verdacht, die Bestie gewesen zu sein. Besonders bekannt wurden zwei erlegte Tiere:

Am 20. September 1765 erschossen François Antoine und sein Neffe Rinchard im Wald bei Saint-Julien-des-Chazes einen auffallend großen Wolf. Zeugen von Bestienangriffen gaben zu Protokoll, bei diesem Wolf handele es sich um die Bestie. Jay M. Smith zufolge standen die Zeugen allerdings unter psychischem Druck und hatten kaum eine andere Wahl, als den Wolf als Bestie zu identifizieren. Der Wolf wurde in einem Vorzimmer des Königspalastes in Versailles als Präparat ausgestellt. Da Zweifel bestanden, ob der Wolf tatsächlich die Bestie war, erhielt Antoine erst nach einigen Wochen die auf die Bestie ausgesetzte Belohnung.

Die Bestie setzte ihre Angriffe jedoch fort: Am Südhang des Mouchet-Berges in der Margeride wurden am 2. Dezember 1765 erneut zwei Kinder angefallen. Da aber die Bestie als erlegt galt und die Belohnung bereits ausgezahlt war, ignorierten die Behörden zunächst diesen Angriff und auch weitere, die sich jetzt auf die Margeride konzentrierten.

Am Vormittag des 19. Juni 1767 erlegte Jean Chastel im Wald von Teynazere in den Bergen der Margeride ein männliches Raubtier, dessen Beschreibung bis heute Rätsel aufgibt. (Spätere Forschungen ließen den Verdacht aufkommen die Bestie sei eine Hyäne.) Am 26. Juni wurde außerdem eine Wölfin erlegt, die offenbar am 19.

Juni gemeinsam mit dem von Chastel getöteten Tier unterwegs gewesen war.

Maitre Roch Etienne Marin, königlicher Notar aus Langeac, erstellte am 20. Juni 1767 im Schloss von Besques einen Bericht über das am 19. Juni getötete Tier. Dieser Rapport Marin (Bündel F 10-476, Sammlung: Landwirtschaft: Zerstörung schädlicher Tiere) wurde 1958 in den Archives Nationales wiederentdeckt. Dem Bericht zufolge hatte das Tier eine Kopfrumpflänge von 127 Zentimetern, einen 22 Zentimeter langen Schwanz, eine Schulterhöhe von 77 Zentimetern, eine Schulterbreite von 30 Zentimetern und eine Maulspannweite von 19 Zentimetern. Maître Marin notierte außerdem unter anderem:

„Monsieur le Marquis hatte dieses Tier in sein Schloss in Besques, Pfarrei Charraix tragen lassen. So haben wir uns entschlossen, uns dorthin zu begeben, um es dort zu untersuchen. Monsieur le

Marquis ließ uns dieses Tier vorführen. Es schien ein Wolf zu sein, doch ein sehr außergewöhnlicher und sehr verschieden von den anderen Wölfen dieser Gegend. Das haben uns mehr als 300 Personen aus der Umgegend bezeugt. Einige Jäger und viele Fachleute haben ausgesagt, dass dieses Tier nur durch den Schwanz und das Hinterteil dem Wolf ähnelt. Sein Kopf ist ungeheuerlich. Sein Hals ist bedeckt von einem sehr dichten Fell von einem rötlichen Grau, durchzogen von einigen schwarzen Streifen; es hat auf der Brust einen großen weißen Fleck in Form eines Herzens. Die Pfoten sind bestückt mit vier Krallen, die viel mächtiger sind als die anderer Wölfe; besonders die Vorderbeine sind sehr dick und haben die Farbe des Rehbocks, eine Farbe, die Fachleute noch nie bei einem Wolf sehen konnten.“

Es folgt eine Aufzählung weiterer Körpermaße sowie eine genaue

Beschreibung des Gebisses, weiterhin eine Liste mit 26 Namen von Personen, die die Bestie gesehen hatten und bezeugten, dass es sich um die gesuchte Bestie handele. Beschreibungen der Bestie, die vor der Erlegung dieses Tieres notiert wurden, stehen allerdings im Widerspruch zur Beschreibung des toten Tieres. Es gibt Anzeichen dafür, dass mit dem Marin-Bericht versucht wurde, einen normalen Wolf als Bestie darzustellen. Beispielsweise entsprechen die Dimensionen des angeblich monströsen Kopfes den Dimensionen eines normalen Wolfskopfes, auch lässt die Beschreibung der Fellfarben nicht auf einen ungewöhnlich gefärbten Wolf schließen. Hinzu kommt, dass der erlegte Rüde mit einer Wölfin unterwegs gewesen war, als Chastel ihn erschoss. Im Gevaudan wurden auch die Beschreibungen anderer Wölfe so angepasst, dass sie Beschreibungen der Bestie entsprachen.

Es gibt verschiedene Hypothesen, die bezweifeln, dass es sich bei der Bestie um einen Wolf gehandelt haben soll: In den Fernsehdokumentationen The Real Wolfman und Das Geheimnis der Werwölfe wurde die These vertreten, es könnte sich aufgrund Größe, Aussehens und Fellfarbe des erlegten Tiers um eine Tüpfelhyäne (weniger wahrscheinlich um eine Streifenhyäne oder eine Schabrackenhyäne) gehandelt haben, die aus Afrika mitgebracht wurde. Diese Vermutung wurde auch schon 1764 angestellt: „Es ist dieses Tier ein aus Afrika, in dem Königreich Ägypten, unter dem Namen Hyäne bekanntes grosses Raubtier, welches man in den Thiergarten des Herzogs von Savoyen zu Turin gebracht, und aus welchem dasselbe entlaufen ist." Dagegen spricht unter anderem, dass das von Chastel getötete Tier angeblich eine andere Anzahl von Zähnen besaß. Eine andere Hypothese besagt, ein aus Afrika mitgebrachter Afrikanischer Wildhund könne die Überfälle verursacht haben. Die Vermutung, die Angriffe der Bestie seien von tollwütigen Wölfen durchgeführt worden, ist unzutreffend, da es sich um gezielte Angriffe und schnelles anschließendes Verbergen handelte, was beides gegen tollwutkranke Tiere spricht.

RASPUTIN

Es wird berichtet, dass es anlässlich einer großen religiösen Veranstaltung von Kirchenvertretern aus ganz Russland im Jahre 1903 in der Peter-und-Paul-Kathedrale zu einer Begegnung zwischen Johann von Kronstadt, dem damals berühmtesten „Heiler" des Zarenreichs, und Rasputin gekommen sei, worauf Rasputin in Salons der Petersburger Gesellschaft und verschiedener politischer Zirkel eingeladen und bald als „Wunderheiler" am Zarenhof berühmt wurde. Doch anscheinend sind sich die beiden Männer nie begegnet. Johannes könnte allerdings von einem ihm bekannten Geistlichen namens Roman Medwed, der Rasputin an seinem Heimatort Pokrowskoje in Sibirien besucht hatte, Erzählungen über den damals schon bekannten Wundertäter gehört haben.

Bald wurde Rasputin in Salons der Petersburger Gesellschaft und politischer Zirkel eingeladen und als „Wunderheiler" berühmt. Boris Almasoff schreibt in seinem Buch „Rasputin und Russland" darüber: „Der Ruf von der Heiligkeit des neu gebackenen Wundertäters … verbreitete sich immer weiter. Über die ‚Wunder' Rasputins bildeten sich ganze Legenden."

Am 1. November 1905 wurde Rasputin dann von den Großfürstinnen Militza und Anastasia dem Zaren vorgestellt. Der Zar vermerkte die Begegnung mit einem Satz in seinem Tagebuch: „Lernten einen Mann Gottes kennen – Grigori aus dem Gouvernement Tobolsk …."

Rasputin etablierte sich nun schnell in den Salons der verschiedenen Gesellschaften St. Petersburgs, und bald verloren dort all die vielen anderen Wunderheiler und mystischen Prediger an Einfluss, an erster Stelle der Franzose Monsieur Philippe, der durch die Vermittlung von Papus am Zarenhof eingeführt worden war und von der Presse als „Cagliostro unseres Zeitalters" hochgejubelt wurde. Rasputin wurde zum Star und zum Liebling einflussreicher Damen, die Wunderdinge von ihm erwarteten. Aber auch wichtige Personen in Gesellschaft und Politik gehörten bald zu seinem Freundeskreis. Am 15. Oktober 1906 wurde Rasputin von Zar Nikolaus II. in seinem Palast im Peterhof empfangen.

Ein erklärter Gegner Rasputins, der Feldgeistliche Georgi Schawelski, beschrieb Rasputin so: „Auf exaltierte Personen, die über keinerlei Beobachtungsgaben verfügten, konnte

Rasputin in der Tat einen starken Eindruck machen. Seine ganze Persönlichkeit, seine Worte, seine Redensarten hatten etwas Geheimnisvolles an sich. Er hatte tiefliegende, stechende, ja fast erschreckende Augen, eine enge Stirn, wirres Haar, einen ungepflegten Bart, sein Reden war abgehackt, undeutlich, rätselhaft mit pausenlosen Anspielungen und Verweisungen auf Gott; er bewegte sich lebhaft; in seinen Urteilen war er kühn, mutig und duldete keine Widerrede. Dabei sprach er autoritär und nahm keine Rücksicht auf die Person des Gesprächspartners. All das überraschte die einen, schlug aber andere in seinen Bann. Ohne Zweifel hob sich Rasputin von der Masse ab. Man konnte ihn nicht übersehen.“

Im Herbst des Jahres 1907 hatte der Zarewitsch einen kleinen Unfall, der aber durch die Bluterkrankheit des Jungen bedrohliche Ausmaße annahm.

Der erste Unfall hatte sich im Jahr 1906 ereignet und war glimpflich verlaufen, aber nun konnten die Ärzte die innere Blutung nicht stillen, sondern nur die Schmerzen durch Morphin lindern.

Nachdem die Ärzte der Zarenfamilie erklärt hatten, dass sie für den Zarensohn nichts mehr tun könnten, empfahl die Großfürstin Anastasia als letzte Möglichkeit, Rasputin zu holen, über den so viele Wunderdinge gesagt wurden. Das Zarenpaar willigte ein, und daher wurde Rasputin über einen Hintereingang – beim Eintritt über den Vordereingang hätten erst viele Formulare des Sicherheitsdienstes ausgefüllt werden müssen – in den Palast gebracht. Es gibt viele Interpretationen, was damals im Zarenpalast geschah. Auf jeden Fall kam die Blutung des Zarensohns nach dem Eintreffen Rasputins schnell zum Stillstand, und die Komplikationen verschwanden in einer für die Ärzte unverständlich kurzen Zeit.

Nach dieser Heilung des Zarewitschs wurde Rasputin zunächst jeden Abend im Hof eingeladen. Insbesondere die Kinder mochten diesen so andersartigen Menschen. Zunächst kam er, um Aufsehen zu vermeiden, durch den Hintereingang des Palastes; dann, als Gerüchte über diese Besuche aufkamen, kam er über den Vordereingang. Die Gerüchte wurden aber immer lauter und gewagter. Beim Hofklatsch wurde Rasputin bereits der Titel des „kaiserlichen Lampenputzers" verliehen und das Ansehen, das Rasputin am Hof genoss, einem intimen Verhältnis mit der Zarin zugeschrieben.

So wurde dann festgelegt, dass Rasputin den Palast nur noch in Ausnahmefällen betreten sollte, zum Beispiel bei Blutungen des Zarensohns, und diese Blutungen traten auch noch oft auf. Der Zar schränkte die Treffen mit Rasputin auf ein Minimum ein, und die Zarin traf sich mit Rasputin im Haus der Hofdame Anna Wyrubowa. Allerdings gab auch dies weiteren Gerüchten Auftrieb.

Berühmt wurde Rasputin eigentlich, weil er an den Zarenhof gerufen wurde, in der Hoffnung, die Blutungen des an Hämophilie leidenden Zarensohns und Zarewitsch Alexei durch Gebet zum Stillstand zu bringen. Zeitzeugen, wie auch Ärzte und Kritiker, bestätigten, dass Rasputin einen damals unerklärlichen Einfluss auf den Zarensohn und dessen lebensgefährliche Blutungen besaß. Diese Fähigkeit Rasputins brachte die Zarin Alexandra zur Überzeugung, dass Rasputin ein Heiliger war, der ihr von Gott geschickt worden sei, um ihren Sohn zu beschützen. Für die Zarin war die Ankunft Rasputins die Antwort Gottes auf ihre leidenschaftlichen Gebete. Dem späteren Innenminister Alexander Protopopow erklärte sie, dass Rasputin mit seinen Heilkräften ihr

Sicherheit zurückgegeben und dadurch ihre Schlaflosigkeit beendet habe. Daher wies die Zarin jede Kritik an Rasputin stets strikt zurück. Trotz dieses hohen Ansehens bei der Zarin hat Rasputin den Zarenpalast nach anfänglich häufigen Besuchen bald nur noch selten betreten.

Da die Erkrankung des Zarensohnes geheimgehalten wurde, blieb der Öffentlichkeit das Ansehen unerklärlich, das der „ungebildete Bauer Rasputin" bei der Zarenfamilie, insbesondere der Zarin, genoss. Zusammen mit Rasputins manchmal recht seltsamem Verhalten gab dies Anlass zu Klatsch und auch Verleumdungen aller Art. Rasputin wurde stets ein sehr unmoralischer Lebenswandel mit permanenten Sexorgien vorgeworfen. Bei Rasputin kamen Eskapaden zwar vor, die meisten Vorwürfe waren aber frei erfunden. Anders als oft berichtet betrafen sie nie Frauen der höheren Gesellschaft oder gar des Zarenhofes. Am Zarenhof wurde diese „dunkle" Seite Rasputins nie wahrgenommen.

Am 29. Juni 1914 wurde Rasputin bei einem Angriff mit einem Dolch in seinem Geburtsort Pokrowskoje schwer verletzt. Nach diesem Attentat begann sich Rasputin öffentlich zu betrinken. Als er am 25. März 1915 im Lokal „Jar" in Moskau stark alkoholisiert provozierte, wurde dies landesweit von der Presse verbreitet.

Von den Folgen dieses Attentats erholte sich Rasputin nie mehr richtig, während der Druck auf ihn in der nächsten Zeit immer weiter zunahm. Auch kamen nach dem Attentat immer wieder körperliche Schmerzen auf. Rasputin, der in seinen ersten Jahren in St. Petersburg keinen Alkohol getrunken hatte, suchte immer stärker Zuflucht beim Alkohol und betrank sich nun oft öffentlich bis zur Besinnungslosigkeit. Nach Aussagen seiner Tochter Maria wie auch des Staatssicherheitsdienstes wurde der Alkohol für ihn immer mehr zu einem Ventil gegen den immer stärkeren Druck der Öffentlichkeit. Auch wurden seine Besuche bei Prostituierten immer häufiger, was vom Staatssicherheitsdienst protokolliert und dann in den Salons breitgetreten und ausgeschmückt wurde.

Um die Probleme mit Rasputin zu beenden, wurde im Herbst 1915 ein Mord geplant. Nach mehreren fehlgeschlagenen Mordversuchen musste deren Auftraggeber, Innenminister Alexei Chwostow, am 3. März 1916 zurücktreten. Nach diesem Rücktritt publizierte einer der Helfer Chwostows, sein ehemaliger Untergebener Bjeljetzkij, einen Bericht mit allen Mordversuchen Chwostows auf Rasputin in der Börsenzeitung, was die Regierung schwer diskreditierte. In vielen europäischen Zeitungen wurde über die Mordanschläge ausführlich berichtet.

Der französische Botschafter am Zarenhof, Maurice Paleologue, meldete folgende „Erkenntnisse" über Rasputin: „… In Zarazin schändete er eine Nonne, die er zu beschwören unternommen hatte. In Kasan, an einem hellen Juniabend, war er betrunken und verließ ein öffentliches Haus, indem er ein nacktes Mädchen vor sich her trieb, das er mit seinem Gürtel durchpeitschte, was in der Stadt ein höchst unliebsames Aufsehen erregte. – In Tobolsk verführte er die sehr fromme Gattin eines Ingenieurs…." So ging es im Stile einer Seifenoper weiter, jeden Tag etwas Neues. Über die sibirische Bevölkerung schrieb der französische Botschafter: „Durch die Taten, die Rasputin unaufhörlich wiederholte, wuchs das Ansehen seiner Heiligkeit von Tag zu Tag. In den Straßen kniete man auf seinem Weg nieder; man küsste seine Hände, man berührte den Rand seiner Tulupa."

Im Jahr 1916 eskalierte die Kriegskatastrophe. Das Land war den Anforderungen eines Krieges nicht gewachsen. Es häuften sich die militärischen Niederlagen: zwei Millionen Tote, vier Millionen Verletzte, keine Perspektive. So hatten es sich die Politiker in ihrer anfänglichen Kriegsbegeisterung nicht vorgestellt. Die Niederlagen wurden auch nie mit den realen Transportproblemen, der schlechten Ausrüstung der Armee und fehlender Rüstungsindustrie begründet, sondern man suchte die Schuld bei dunklen Kräften und Spionen. Auch die Versorgungslage der Städte verschlechterte sich immer mehr. Die Arbeiter in St. Petersburg litten Hunger und demonstrierten gegen die hohen Brotpreise und weitere Truppenaushebungen. Es wurde nach einem Schuldigen gesucht, und die politische Klasse war sich im Herbst 1916 weitgehend einig: Schuldig war Rasputin mit seinem Einfluss auf die

Zarin und den Zaren. Nicht nur Rasputin musste weg, egal wie, Michail Rodsjanko, Georgi Jewgenjewitsch Lwow und Michail Wassiljewitsch Alexejew wollten die Zarin auf die Krim, nach England oder in eine Irrenanstalt schicken.

In dieser Situation sprachen sich die Mitglieder der kaiserlichen Familie ab, um unter der Leitung der Zarenmutter Maria Fjodorowna den Zaren zu überzeugen, dass Rasputin wieder nach Sibirien zurück müsse. Die Zarenmutter fuhr zu ihrem Sohn ins Hauptquartier, konnte aber nichts erreichen, wie auch der Schwager des Zaren, Alexander Michajlowitsch. Der Zar wollte niemandem Rechenschaft über Rasputin ablegen. Ob er Empfehlungen von irgendjemand befolge oder nicht, das sei allein seine Sache.

Dem Grafen Fredericks erklärte er seine Sichtweise folgendermaßen: „Rasputin ist ein einfacher russischer Mönch, sehr religiös und fromm. Die Zarin mag seine Aufrichtigkeit, sie glaubt an die Kraft seiner Gebete… für Alexej, aber das ist unsere Privatangelegenheit. Es ist erstaunlich, wie gern sich die Menschen in Dinge einmischen, die sie nichts angehen.“

Im November 1916 spielten sich in der Duma tumultartige Szenen ab. Für das russische Parlament gab es zu dieser Zeit nur noch das Thema „Rasputin“. Es wurden Zettel verteilt mit angeblichen Befehlen Rasputins an den Zaren, der ebenfalls massiv angegriffen wurde. Der Vorsitzende der Städtevertreterversammlung, der Fürst Lwow, forderte die Duma sogar auf, die Geschicke des Landes selbst in die Hand zu nehmen, da der Zar, von Rasputin abhängig, dazu offensichtlich nicht mehr fähig sei. Dies war eigentlich die Aufforderung zum Staatsstreich.

Auch der „monarchistische“ Abgeordnete Wladimir Purischkewitsch, ein treuer Anhänger des vom Zaren als Oberbefehlshaber abgesetzten Großfürsten Nikolai Nikolajewitsch, wetterte in einer flammenden Rede: „Finstere Kräfte sind es, die das Land regieren und den Willen des Herrschers in Fesseln legen... Dies alles geht von Rasputin aus. Die Existenz des Reiches ist bedroht." Zwei Monate später war Wladimir Purischkewitsch einer der Mörder Rasputins.

Es war der Polizei bekannt, dass ein Attentat unmittelbar bevorstand. Von verschiedenen Seiten kamen Hinweise, und auch Rasputin selbst wurde am Tag des Attentats noch telefonisch gewarnt. Wie sich später zeigte, gab es neben den Attentätern auch noch eine ganze Gruppe von Mitwissern in der höheren Gesellschaft Petersburgs, darunter etliche Mitglieder der Romanow-Großfamilie. Auch der britische Geheimdienst wusste genau Bescheid. Das bevorstehende Attentat war

Gesprächsstoff für weite Teile der St. Petersburger Gesellschaft.

Es wurde Rasputin dringend empfohlen, sein Haus nicht mehr zu verlassen, und der Personenschutz für ihn wurde weiter verstärkt. Rasputin traute sich kaum noch aus dem Haus, nahm dann aber eine Einladung von Felix Jussupow an. Felix Jussupow war der Ehemann einer Nichte des Zaren und einer der wenigen Menschen der höheren Gesellschaft Petersburgs, denen Rasputin noch vertraute. Jussupow war über längere Zeit ein ständiger Besucher Rasputins, und Rasputin betrachtete ihn als seinen Freund.

Rasputin wurde am 17. Dezember 1916 ermordet. Die Haupttäter waren Fürst Felix Felixowitsch Jussupow, in dessen Palast der Mord auch stattfand, verheiratet mit Prinzessin Irina Alexandrowna (einer Person mit „Zarenblut", weshalb die Polizei keinen Zugang zum Palast hatte), der rechtsextreme Dumaabgeordnete Wladimir Purischkewitsch und der „Lieblingsneffe" der Zarenfamilie, Großfürst Dmitri Pawlowitsch. Außerdem waren der Hauptmann A. S. Suchotin des Preobraschenskij-Regiments und der Sanitätsarzt S. S. Lasowert beteiligt. Die Attentäter wurden auch durch Oswald Rayner vom britischen Geheimdienst, der die Abneigung Rasputins gegen den Krieg fürchtete, unterstützt.

Meist wird der Mord so beschrieben, wie der Attentäter Jussupow die Tat dargestellt hat. So habe Rasputin Unmengen von mit Zyankali vergiftetem Kuchen und Madeirawein vertilgt, ohne sich daran zu vergiften. Anschließend habe man ihm dreimal in die Brust geschossen und ihn sterbend, bzw. weil man ihn für tot hielt, zurückgelassen. Als er sich jedoch trotz seiner schweren Verletzungen auf den Innenhof des Palastes schleppte, wurde er als letzte

Maßnahme im eiskalten Wasser eines Flusses versenkt, wo er endgültig verstarb.

Die Darstellung Jussupows widerspricht allerdings den Ergebnissen der Obduktion an der Leiche Rasputins. Es konnte dabei kein Zyankali in seinem Magen festgestellt werden. Außerdem hatte er seit dem Attentat von 1914 aufgrund von Magenproblemen nichts Süßes mehr gegessen oder getrunken. Offensichtlich wollte Jussupow durch die Schilderung, wie schwer Rasputin zu töten gewesen sei, seine mystische und unheimliche Person unterstreichen, und dadurch den Mord als eine große vaterländische Tat erscheinen lassen. Eine polizeiliche Untersuchung der Tat hat es nur in Ansätzen gegeben, sie wurde vom Zaren gestoppt.

Die Mörder Rasputins wurden schnell gefunden; sie gingen jedoch nach massivem Druck wesentlicher Teile der Romanow-Großfamilie weitgehend straffrei aus. Großfürst Alexander Michailowitsch hatte beim Zaren vorgesprochen. Er legte ihm einen Brief mit der Forderung nach Straffreiheit der Attentäter aus der Romanowfamilie vor. Diese Forderung war von fast allen Mitgliedern der Romanowfamilie unterzeichnet. Großfürst Alexander Michailowitsch drohte dem Zaren mit der Absetzung durch die eigene Familie, sollte seinen Forderungen nicht stattgegeben werden.

Der Zar bestand jedoch darauf, dass Felix Jussupow wenigstens auf sein Landgut zurück musste, und der Großfürst Dimitri musste in ein Regiment an der persischen Grenze wechseln. Die übrigen Attentäter wurden nicht behelligt. Wladimir Purischkewitsch, dessen Teilnahme an der Ermordung Rasputins allgemein bekannt war, behielt sogar weiterhin seinen Sitz in der russischen Duma.

© 2022, Peter K. Stumpf

Herstellung und Verlag: BoD –
Books on Demand, Norderstedt

ISBN: 9783756841394